W0375510

BLEU
série dirigée par Thierry Fabre

MARC ROGER
Lecteur public

SUR LES CHEMINS D'OXOR

chroniques méditerranéennes
(2003-2004)

ACTES SUD

A Corinne,

et au sommeil de mes parents sous l'olivier…

Nous reprenons la mer, l'âme navrée, contents d'échapper à la mort, mais pleurant les amis.

HOMÈRE,
Odyssée, chant IX, 565-566.

AVANT-PROPOS

Avant toute chose, je suis lecteur…

Choisir le sens de ma circumambulation en fonction même des écritures. De gauche à droite, pour aller lire de Marseille à Beyrouth, puis à partir du Sinaï, quand on regarde la carte, marcher de droite à gauche jusqu'à l'Atlas, pour être, en quelque sorte, en phase avec le monde arabe. Mer côté droit, debout, je marcherai la terre à gauche, côté duquel, lorsque je lis, je tiens le livre en main.

Au dire des sismologues et autres spécialistes de renom, de leurs études chiffrées sur les mouvements de la croûte terrestre, l'Afrique remonterait de six millimètres par an vers la plaque européenne. Six millimètres de Méditerranée rayés de la carte en douze mois. Six millimètres qui s'envoleraient ainsi, au profit des sommets de l'Atlas et de la chaîne des Alpes s'élevant un peu plus au-dessus de leurs rives respectives. Le début d'un dialogue.

J'imagine un curieux rendez-vous entre le port d'Alger et celui de Marseille, leurs banlieues et leurs quais bord à bord discutant de soleil, de cigales vitrifiées sur des arbres de glace. Une aubaine… Agence d'intérim ne cherche plus dockers, mais plutôt moniteurs de snowboard. Ceci nous laisse le temps de parler lecture, petite et grande littérature avant que la mer ne mette les voiles.

Il y a les voyages dont on rêve, il y a ceux qu'on s'autorise à faire, ceux qu'on pense avoir faits. Lesquels méritent le plus d'être contés ?

Paris, par un ciel gris d'hiver. Soudain, cette réflexion : "Qu'est-ce que le soleil me manque !"

C'était à la mi-janvier, en 2001. Rentré depuis peu du salon *Lire en français et en musique* de Beyrouth, encore très imprégné des charmes du Liban et de l'accueil hors du commun du public libanais, je demandai à Corinne : "Que dirais-tu d'un an de lectures dans les pays de la Méditerranée ?

— D'accord ! Si tu me promets du soleil chaud…"

Ainsi naquirent *Sur les chemins d'Oxor*…

Au fil des mots, des jours et du partage de nos imaginaires s'ébaucha un embryon de réalité. Des cartes routières furent achetées, des services culturels d'ambassade contactés, des centaines de courriers envoyés.

"Allô ? Francis Bueb, c'est bien vous le directeur du centre André-Malraux de Sarajevo ?" Long silence…

"Oui…

— J'envisage de faire le tour de la Méditerranée pour aller lire de pays en pays, pensez-vous que ce projet ?…" A nouveau, long silence…

"C'est rigolo *(sic)* ! C'est Malraux qui disait cela quand une pièce d'art le séduisait.

— Bon d'accord… mais concrètement ?"

Dans nos têtes, le dessin des frontières se précise. Des capitales, des noms de villes évoquant des clichés. Nous empruntons des films et des documentaires pour essayer de comprendre de quoi se fait la vie des gens sur place. Qui les gouverne, les met au pas, les fait crever, rêver ?

Tous les lundis, entraînement marche. Des amis viennent. Nous testons des chaussures, des sacs à dos, des capes de pluie. Un projet de film est évoqué, tout tombe à l'eau, mais rien, jamais, n'entame notre volonté, ni l'enthousiasme qui nous anime.

A présent de retour, à l'issue d'une année de voyage, quel bonheur de revenir et aussi quel cauchemar ! Dans le salon de l'appartement : du linge sale, des archives à classer, le plan de Rome, des cadeaux de toutes parts, des romans d'auteurs turcs à traduire en français, un récit catalan, les poèmes d'un Libyen, des souvenirs, des conneries, des tas de sacs, des cartons, un tuba, une valise, des raquettes, une bouteille d'huile d'olive, des cailloux, mon bâton, des revues de Croates catholiques, une boîte de petits pois de Sarajevo (qu'est-ce qu'elle fait là ?), un réveil rose à minaret recouvert d'or dont la sonnerie est un appel à la prière. "N'oubliez pas de changer les piles, me dit le recteur de la faculté de Misrâtah, quand il me l'offre, sinon fini *Allah wa akbar* !" Tout le coffre de la voiture vidé sur la moquette…

Dans ce fatras, je cherche tous les visages amis, les repas préparés, partagés, les ruisseaux traversés, les articles de journaux mélangés aux légumes. Je me sens disparaître… Car il me semble n'avoir rien vu dans le regard de la fillette assise au premier rang des spectateurs d'une médiathèque de Montpellier, quand je lui ai demandé où se trouvait, d'après elle, la Méditerranée ?

D'origine algérienne, cette enfant de dix ans ignore tout de l'étendue d'eau qui sépare Palavas-les-Flots, où elle va se baigner chaque week-end, de la ville dont elle ignore aussi le nom et où se pose en Algérie, de l'autre côté, l'avion qu'elle prend quand elle s'y rend pour les vacances avec toute sa famille. Non, je n'ai rien vu, et suis inquiet pour elle, pour moi-même, pour la mer qui devrait nous donner une mémoire en commun. Au lieu de quoi, ce regard vide dans lequel j'ai failli basculer…

SOUS CERTAINS OUVRAGES D'ART

En Toscane, début novembre

Entre Pise et Livourne, où l'Arno dépose ses alluvions. Les marécages du delta drainés par le maillage des canaux laissent peu de place aux voies terrestres de communication. Ainsi, les ingénieurs dessinateurs des autoroutes italiennes de cette région ont-ils choisi l'option aérienne sur pilotis, en élançant leurs piles de béton à vingt mètres au-dessus des roseaux. Petit piéton, je longe les rives de l'Arnaccio, et je le fais sous les dessous affriolants d'une autoroute qui suit sa trajectoire sur une dizaine de kilomètres.

Au débouché du pont écluse qui concrétise leur tangente, stationnée là, près d'un dépôt d'ordures, une voiture, toutes vitres couvertes de buée, grince, grince joyeusement sur ses essieux, attestant s'il fallait s'en convaincre qu'une autre tangente ici se joue à joue et fesse affaisse, au rythme énamouré du glissement gommeux des bahuts qui, là-haut, au-dessus de nos têtes accrochent à leurs compteurs : Livorno, Grosseto, Ortebello, Roma, *tutti quanti, et cetera.*

Parmi des traces d'ongulés, peut-être des chevreuils, dans la boue moitié sèche et humide, mes pieds cherchent une réponse à la question des muscles extenseurs de la marche : "Y a-t-il une vie sous les ouvrages d'art des autoroutes ?"

Un couple de canards décolle à mon approche, nasille au ras des herbes, des stalactites de calcaire d'eaux de ruissellement pendent d'un tablier tendu entre deux piles et, goutte à goutte, me remémorent les arches de la louve au ventre de laquelle Remus et Romulus ont bu ce qu'il fallait de lait pour construire la grande cité de Rome. Quelques morceaux du livre *Les Villes invisibles* d'Italo Calvino surgissent des marais :

> Toute ville reçoit sa forme du désert auquel elle s'oppose…

Suis-je encore loin de Livorno ? Je crois bien me souvenir que c'était entre Eyguières et Aix, je marchais sur la voie Aurélienne et, par la facétie des bâtisseurs se succédant au fil des siècles, la voie ancienne enjambait l'autoroute en inversant allégrement le temps. A quel niveau du monde peut-on confier ses rêves ? Les traces de l'empire m'imprègnent…

Désigné comme roi par le sort, Romulus trace à la charrue un sillon qui marque la future enceinte, et Rome est ainsi fondée. Par dérision, Remus franchit le sillon, son frère le tue et ouvre alors un lieu d'asile à tous les sans-abri du Latium entre les deux sommets du Capitole. *Le Petit Robert* poursuit. Au cours d'un très violent orage disparaît Romulus. Moi je m'arrête là, mais je retrouve sa trace en zone industrielle sous les jupons d'un échangeur. Dans la fumée d'un brasero, je reconnais *sa* silhouette de SDF. Son abri de fortune me dégoûte, je n'y reste qu'une minute. Pourtant, j'aimerais bien faire la sieste.

Ce soir, fourbu du peu de kilomètres que j'aurai parcourus, si le lit de mes hôtes me paraît un peu raide, je penserai à l'enfer qu'il y a sous certains ouvrages d'art d'autoroutes.

Quelle est notre espérance de vie, à nous, nantis, parias, bien nourris, mal logés, aux quatre coins des statistiques ? Soixante-dix ? Quatre-vingts ? En distinguant, bien sûr, les hommes des femmes et en tenant compte des emplois qu'ils obtiennent ou n'obtiennent pas. On divise, on ajoute, parfois l'on pousse jusqu'à cent trente, perdu dans un campement de yourtes au beau milieu de la Mongolie. Sachant cela, on peut donc raisonnablement penser que toute personne ayant vécu ces derniers jours sur terre aura assurément disparu au-delà du siècle et demi. Pourtant, la ville de Rome n'en continuera pas moins de vivre sa *dolce vita*.

Piazza dei Cinquecento face à la gare de Termini, des joueurs de dés roumains lanceront encore la chance dans des billets d'une autre parité. Matin et soir, des passereaux d'un autre nom, par milliers dans les pins parasols, bruiront et déféqueront toujours sur les épaules des banlieusards. Qui sait, si les cappuccinos couleront toujours ? D'autres dépouilles de soldats seront rapatriées des fins fonds de l'empire, mais cette fois l'or ne sera plus noir. Les triomphes de César avaient sûrement une autre allure, l'intendance de l'époque chipotait moins sur le nombre des victimes. Mais les épices, les marbres, les métaux et les pierres arrivaient, arrivent et arriveront toujours à la sueur d'éternels esclaves.

Un siècle et demi passera et tous les rôles seront toujours tenus. Christian fera le nécessaire pour nous loger. Marion se lancera dans un trafic de clés, de draps. Un instant, elle doutera : Alliance française ou auberge espagnole ? Clara s'enquerra de nos déplacements jusqu'au garage. Julie concoctera deux affichettes sur son ordinateur. Sur chacune, une main, avec, pour la première, un index pointé vers la droite au-dessus du mot *Braderie*, pour la seconde, un index pointé vers la gauche au-dessus de la formule détonante *Le lecteur, des délices tout autour !...* Clara, Marion, Julie, Christian, chacun aura tout fait pour qu'une rencontre ait lieu autour du bleu qui *les* sépare. Les synagogues d'Istanbul explosent. Al-Qaida en semble fière. Jean-Claude Izzo voyait-il juste ?

> Sur ses genoux. C'est comme ça que j'ai appris l'histoire, la géographie. Et que la littérature s'est mise à avoir un sens. Enfin, celle qui est capable de nous raconter qu'il y a des mers dans lesquelles on pourra jamais se baigner, des ports où l'on pourra pas baiser de filles. Et des pays qui survivront à la connerie humaine.

A droite on brade, à gauche on se régale ! On trouve de tout "sur les chemins d'Oxor", même cette question vacharde : Au fil du temps, l'envie de lire pourrait-elle s'amoindrir ? Je me persuade du contraire. Lire un texte en public à voix haute le révèle en soi-même, à soi-même et aux autres...

Depuis un an, par exemple, je lis *Un beau mariage* de Mohammed Dib en public, sans émotion particulière. L'autre jour à Marseille, pour la première fois, j'ai entendu sa résonance. Aux premiers mots, le fond de la salle, occupé par quelques bibliothécaires d'origine algérienne, gloussa d'une manière entendue. Je supposai que le texte évoquant traditions et rituels de mariage réactivait des souvenirs personnels.

Une heure plus tard, autour de l'excellent buffet préparé par Leila, *houmos*, galettes de pain, et autres petites saveurs faites maison, les mêmes bibliothécaires vinrent me faire part des détails que le texte avait omis et qui, au demeurant, leur procuraient beaucoup de plaisir. Ainsi, me dirent-elles, mettait-on sous les fesses de la jeune mariée des morceaux de sucre afin que celles-ci fussent très douces à l'époux, et de nombreux pois chiches afin qu'ils eussent ensemble un nombre d'enfants en conséquence !

Délicatesses d'une tradition qui me laissèrent rêveur jusqu'au lendemain, quand, débouchant d'une rue en forte pente du quartier du Panier, le cortège exubérant d'un *vrai* mariage, celui-là, glissa du haut de la rue de la République vers le vieux port. Apparemment d'une *autre* tradition, la jeune mariée, pourtant d'origine maghrébine, voile de tulle et robe au vent, emplie d'amour, accrochée au buste de son homme qui l'emmenait sur son scooter, communiquait sa joie à toute la foule qui les regardait. Par le peu que son voile en épais tissu gris nous permit d'entrevoir, une vieille Maghrébine souriait des yeux, à qui la croisait sur le trottoir.

Manière aussi d'oblitérer mon passeport, c'est à dessein que je cite ces deux extraits de *Traversées* de Thierry Fabre.

> Vouloir convertir l'Autre à sa vérité, qu'elle soit profane ou sacrée, conduit toujours à

une impasse. Le refus de toute conversion ne signifie pourtant pas l'absence de toute conviction. Bien au contraire, il n'est de dialogue possible entre des cultures distinctes qu'à la condition de reconnaître l'Autre en tant qu'Autre, de respecter sa singularité. Mais dans le même temps il faut mettre ensemble ce que nous avons en commun et négocier sans cesse les termes du partage.

L'horizon n'est pas une frontière de la peur. Il éveille un désir, celui de franchir le monde, d'aller goûter toute la saveur du divers.

CABINE 109

Palladio Venezia*, entre Ancona et Split*

Corinne essaie de se laver. Le lavabo est bouché ! Vogue le ferry qui s'éloigne *della bella Italia*...

Ancona, ce port emmitouflé de brume, n'aura pas fait long feu dans le sillage du *Palladio.* Pourtant, l'excitation nous reste encore aux veines, l'attente aussi et le spectacle de tout embarquement. Bateau fantomatique à quai, l'accès arrière ouvert aux camions, aux voitures, à quelques passagers frileux dans le halo des phares. Les coups de sifflet brefs, répétés, du chorégraphe en chef pour des manœuvres d'embarquement se jouant au millimètre. Des ordres qui se donnent et se reçoivent d'une langue à l'autre. Une immersion dans la polyphonie du monde qui enchante à ce point le petit Tom que, posté sur le pont supérieur du bateau, il parle au vent dans un sabir à lui, imprégné de la musique italienne qu'il s'apprête à quitter. Il compte, puis recompte la monnaie qui lui reste en euros, se demande s'il va perdre ou gagner une poignée de bonbons à l'occasion de son premier change. Tout l'étonne, le fascine, la hauteur, la grosseur des engins qui s'activent. Ce midi, dans une laverie du centre-ville, il me demandait : “Papa, tu n'aurais pas un moyen de faire passer le temps plus vite ?”

Pourquoi hâter le peu de nos attentes ? Unique façon de vivre. Pour nous, moins malchanceux que d'autres, traverser une mer est une douce parenthèse. Pour certains, un départ n'est rien d'autre qu'un drame, car payé sans retour. La mémoire de la terre suffit-elle au transport des racines ?

Centre de vie associative Island,
tard le soir, banlieue de Perugia

Un repas de soutien à un prisonnier politique réunit là une cinquantaine de jeunes étudiants et de vieux militants en tout genre. L'ambiance est *trash*. Poussée à fond, une mauvaise sono interdit presque les dialogues. Après distribution d'une nourriture roborative, à la surprise générale, nous parvenons à la faire taire. Francesco Albano, jeune poète italien, et moi-même montons sur des palettes en bois faisant office de scène, avec chacun une *Odyssée* d'Homère dans notre langue.

"Le brigand que tu fais !..." chant V, vers 183, Calypso essaie encore de retenir Ulysse. Mais la détermination de celui-ci à revoir Pénélope est sans faille. Une dernière fois, les deux amants se donnent l'un à l'autre. Puis, la belle Calypso, avec tout le panache de ses charmes vaincus, aide Ulysse à construire son bateau. Ceci, lu, tuile à tuile, dans l'énergie que donne à l'eau la pente, direction la gouttière puis le fleuve et la mer d'un auditoire apparemment conquis. Nos deux voix côte à côte, alternant secrètement par de légères pressions de mon coude sur le sien, épaule contre épaule, les deux langues italienne et française, l'une et l'autre chantant vingt-huit siècles plus tard les vers du grand poète.

> Au bout de quatre jours, tout était terminé... elle l'avait baigné et revêtu d'habits à la douce senteur... elle avait fait souffler la plus tiède des brises... Plein de joie, le divin Ulysse ouvrit ses voiles...

Grazie mille Francesco e arrivederci. Le *Palladio* ronronne, sa profonde rumeur de machines berce un sommeil qui ne vient pas sur une mer d'huile. Tôt, le matin, dans un dédale invraisemblable d'îles, la côte dalmate apparaît. Au port de Split en Croatie, maladroit, je m'essaie à mon premier bonjour en croate, *Dobar dan !*

QUAND UN CHEVAL SAUTE UN REPAS

Croatie, fin novembre

Dans les pages à venir, je raconterai la ville palais de Split, où l'empereur Dioclétien, IIIe siècle après Jésus-Christ, imprime encore au quotidien des habitants, des gestes et des pratiques.

Je raconterai les déboires de Corinne avec la justice croate, assignée qu'elle fut ce jour-là à comparaître au tribunal de Split, pour entrave à la circulation des véhicules sur une voie publique comme une simple piétonne ayant failli se faire écraser, et toute la haine dont elle fut l'objet à l'occasion. Xénophobie quand tu nous tiens, que de sensibles paroles ne mets-tu pas dans la bouche de ceux qui aboient. Point n'est besoin de connaître leur langue.

Quand un cheval saute un repas, foin de l'obstacle, c'est qu'il galope vers un boisseau rempli d'une autre avoine.

Après le pont, venant de Split, je tourne sur ma gauche pour engager mes pas le long de la Cetina bordée par les dernières habitations d'Omiš. Juste avant l'embouchure, les courants se bousculent, impatients semble-t-il de connaître le sel. Laissons-leur ce loisir, avançons, pénétrons dans les terres. Au sortir du tunnel que la route franchit dans un coude, la nature nous attend pour une autre baignade. Le ciel est noir, les roselières blondes, douces et tendres. Au centre, la rivière, ses eaux d'un vert bouteille. Deux barres rocheuses au loin, majestueuses et blanches, fort éloignées l'une de l'autre, donnent à la route en pente très légère l'impression d'une fuite à l'approche inquiétante des gorges. Une peinture en apnée, rompue une seconde par un martin-pêcheur.

Car la pluie va descendre, droite, verticale à la végétation qui la reçoit garde-à-vous en silence. Pas un souffle de vent. Que le bruit continu du déluge.

Loin des déserts que je verrai “sur les chemins d'Oxor”, la pluie ici ruisselle, dans les couloirs cascade. L'eau dégringole, roule des pierres ou des graviers, selon sa force et son niveau. Etage par étage j'assiste à l'érosion du monde et piteusement je crois en être fier. Des bouchons de feuilles mortes se forment. L'eau toujours dégringole, et moi toujours je monte. La porte des Balkans passe par les gorges de la Cetina. Suis-je un voleur dans cette cage d'escalier ? Un crapaud éclaté sur l'asphalte me retourne l'estomac. La buée traverse les sous-bois et le miroir de l'ascenseur occulte mon reflet. Puis-je essuyer la glace ? C'est ce que je fais du haut du col de Kučiće et, enfin, je la vois… Elle est sur les sommets. Une éclaircie ouvre le ciel et signifie la fin de la dépression. Quelques façades de maisons dans les hameaux s'allument en réponse au soleil qui revient. J'ai faim. Normal, voilà quatre heures que je marche. Quand un cheval…

D'autres arbres, d'autres pierres et encore des chemins

Les murets des terrasses faillent. La moindre poignée de terre, fût-elle au moins fertile, y fut pourtant précieusement triée, puis soutenue, serrée dans des corsets de pierres sèches. Lopins de blé, de pommes de terre qu'on cultivait ici, à en crever, envahis aujourd'hui par les chênes et les genévriers. Ce sol paraît si âpre, si peu propice à la farine, tellement hostile, qu'on se demande d'où vient l'envie de s'entretuer pour s'attribuer toutes ces caillasses.

Même la nuit semble impuissante à dire pourquoi, venue à pied, elle laisse derrière elle ainsi le ciel en feu. Je marche encore pendant deux heures, sur un plateau légèrement vallonné, drainé d'une petite route dont le goudron renvoie au ciel son propre rayonnement. Douceur, silence, la terre enfin repue. Les feuilles aux arbres se retiennent. De quelques souffles de marcheur, rompre le calme, rompre la nuit, ne plus toucher le sol, glisser sur le chemin à l'exemple d'une ombre, se révéler au monde en se faisant le plus discret possible. Des herbes et des étoiles ne plus savoir que dire, des unes aux autres joindre l'obscurité et le mystère. Je marche ainsi dans le bonheur d'être enveloppé de ces questions. Je sais que tout à l'heure j'aurai du mal à revenir aux hommes.

Sur une montagne au loin, une croix éclairée. En arrivant là-bas, je vais apprendre qu'elle vient d'être érigée en remerciement à Dieu d'avoir su épargner Lovreč de toute victime pendant la guerre. Cette source lumineuse qui me sert à présent d'azimut ne saurait expliquer à elle seule la clarté dominant le plateau. Alors me retournant, pour apprécier les étendues, je découvre la lune en son premier quartier, entourée d'un halo que l'*autre* sur sa colline aussitôt lui envie. Me voilà pris entre les feux croisés de la croix et de ceux du croissant. D'ici quelques vallées, je serai en Bosnie.

Cent cinquante collégiens, des rafales de rire quand je lis *La grenouille qui avait une grande bouche* ! Puis, à mon tour d'écouter une élève blondinette de dix ans, en baskets et en jeans, nous chanter la môme Piaf en français, "Non, rien de rien… Non, je ne regrette rien…", puis Bécaud et la mort du poète et enfin le frisson. Un chœur en demi-cercle de onze adolescentes, pantalons noirs, justaucorps blancs, entonne des chants dalmates traditionnels. Des basses rondes et bien remplies, étonnantes pour de si jeunes poitrines, entrecroisent leurs lignes à des voix plus aiguës, cristallines. Les répons se chevauchent. Dans les hauteurs du hall s'élèvent ces voix superbes, comme une forte résignation à la dureté du beau. L'âme des Slaves est là ! Me voilà revenu.

LE LIVRE VERT DE LA NERETVA

Mostar, début décembre

De tout ce que l'homme, dans son élan vital, a érigé et construit, rien ne saurait à mes yeux surpasser les ponts. Ils sont plus importants que les maisons, plus sacrés que les temples car de portée plus générale…

Ils marquent les lieux où l'homme s'est trouvé confronté à un obstacle, symbolisant le désir éternel et insatiable qui pousse celui-ci à relier, réconcilier, unir tout ce qui surgit devant son esprit, son regard et ses pas, afin qu'il n'y ait pas de division, d'antagonisme, de séparation…

IVO ANDRIĆ

Le 12 novembre 1993, du haut de la folie, l'arche du pont de Mostar tombait dans les eaux vertes de la Neretva. Près de dix ans plus tard, Marko Rozić, Croate catholique, résidant depuis toujours du quartier musulman bosnien de Zalik, me montre avec émotion le vieux pont qui renaît.

De quelque côté que l'on soit de la ville, côté est musulman ou côté ouest catholique, cet homme ne peut faire un pas sans être respectueusement ou bien chaleureusement salué par les habitants des deux communautés. Il me semble marcher aux côtés de *La Chronique de Travnik* d'Ivo Andrić faite homme, dans les rues de Mostar. Son visage aux cheveux grisonnants, un peu rond et poupon, appelle aussitôt l'affection. Directeur de l'école économique, il me reçoit dans son bureau. Il m'a préparé une sélection de vers croates et bosniens qu'il entend faire sonner en français auprès de ses élèves, terminales et premières.

Sans se départir de son petit air gourmand, après m'avoir dessiné à grands traits au dos d'un vieux bulletin scolaire la géographie politique de l'après-partition, il baisse la voix et, passant outre les nationalismes de tous bords, il me raconte :

> Juste avant que la guerre n'éclate, je souhaitais changer la porte de la cour donnant sur mon jardin. Je fais donc appel à un ouvrier musulman de ma connaissance. A la pause, je l'invite à boire un verre et cet homme, qui ne lit pas, du moins c'est ce que je suppose, prend juste le temps de jeter un œil sur ma bibliothèque. Il en ressort visiblement impressionné. Mille cinq

cents volumes, pas moins ! Puis, m'avouant sous le sceau de la confidence qu'il n'a jamais lu le Coran, il aimerait bien rentrer chez lui avec le livre vert qu'il aperçoit en évidence sur le rayon que j'ai consacré aux religions. Sa journée terminée, quand il me quitte avec le livre en mains, ses yeux débordent de reconnaissance. La guerre passera par là…

Poussé par la violence et l'horreur des combats à demeurer de l'autre côté de la rivière, Marko Rozić ne verra pas avant longtemps la nouvelle porte donnant sur son jardin. Manquant de tout, surtout de combustibles de chauffage, des deux côtés de la Neretva, l'on brûle d'abord les arbres puis les journaux et les revues enfin les livres, avec le maigre réconfort du corps qui se détend un bref instant à la chaleur des flammes. La bibliothèque de M. Rozić, Dostoiëvski, Balzac, poètes croates, serbes et bosniaques, part en fumée.

Le monde n'en finit pas de tourner sept fois dans la bouche des grands avant que le sort des petites gens ne se décide autour de tables rondes auxquelles on ne les invite jamais. Et la vie à Mostar et ailleurs en Bosnie de reprendre, vaille que vaille. Marko Rozić retourne vivre dans le quartier musulman est de Zalik. La porte de la cour donnant sur son jardin est à refaire. Le même ouvrier musulman de sa connaissance reprend la tâche de zéro. A la pause, la même soif le fait boire dans un autre verre que lui offre son employeur et, sans pouvoir lui confier ce que le geste l'aidera à dire, sortant de sa poche le livre vert qu'il lui avait prêté quatre ans plus tôt, le pauvre homme avoue dans un murmure : "Monsieur Rozić, je vous rends votre Coran. Vraiment je suis désolé, je n'ai pas eu le temps de le lire…"

LES NUAGES QUI PASSENT… LÀ-BAS… LES MERVEILLEUX NUAGES

Bosnie-Herzégovine

Puis-je encore vous parler de *mes* livres ? A l'heure qu'il est, je les devine au fond d'une des multiples décharges qui constellent les paysages invraisemblables de Bosnie-Herzégovine, là-bas, vers le Monténégro, prétendument, où désormais roulerait notre voiture. Ce pays de Bosnie déchiré par la guerre où chaque poème lu de quelque côté que ce soit déclenche des larmes bien plus amères et bien plus douloureuses que les nôtres aujourd'hui. Certes, la tristesse nous serre le ventre, mais nous nous devons de réagir en toute dignité, eu égard à nos hôtes bosniens qui, eux, ont perdu tellement plus que des livres.

Stolac, dimanche en fin de journée. Nous y sommes reçus par Esad et Jasmina, un couple d'une soixantaine d'années. Beaux, silencieux dans l'absence de mots. Ils nous accueillent dans leur maison totalement reconstruite, pierre à pierre, flambant neuve. Quelle fierté pour M. Šehić de nous faire visiter le salon, les chambres une à une, le patio restitué à ses moindres graviers, blancs, impeccables, tout mobilier acheté de fraîche date, le fourneau à bois autour duquel nous nous serrons, le vent glacial nous a gelés. Alentour, que des ruines de maisons éventrées, une rivière riante sous les derniers rayons du couchant. Une mosquée reconstruite à l'identique, trop neuve encore pour ne pas faire théâtre, son minaret cherchant la pleine lune au-dessus de la colline pour mettre un point final à ces absurdités.

Mme Šehić, de recevoir ses invités par un repas servi comme un feu roulant de saveurs, potage, *sarma* (des feuilles de chou farcies), tranches de veau en sauce avec purée, riz, poivrons rouges marinés avec du *mladi sir* (du fromage frais), des beignets d'aubergine, de petits poivrons farcis avec encore des boulettes de viande hachée aux aromates, des baklavas ruisselants d'huile et de miel, un gâteau de semoule *hurmasica* et du café. Toute l'équipe du centre culturel André-Malraux de Sarajevo est venue en renfort. Nous sommes seize ou dix-sept à table.

A la lecture du soir, dans un café sur la place centrale du village, un poète torturé pendant la guerre m'offre son recueil avec une photo de son visage mutilé en préface à ses textes. Azra pleure, quand je lis "Retour à Sarajevo" qu'elle a signé dans *Une guerre en Europe*. Moi, qui n'aime rien tant que provoquer par mes lectures le rire, les rêves, reçois d'un coup de la douleur non apaisée à ne plus savoir qu'en faire. Seul, le silence ponctue la fin de chaque poème. Comment ne pas en ressortir tendu, embarrassé de moi-même qui ne peux rien comprendre à tout ce désespoir ?

Deux ou trois jours auparavant, à ma demande auprès de M. Rozić, sur la passerelle qui enjambe temporairement la Neretva, dans l'attente que soit complètement reconstruit le pont de Mostar, j'ai lu *Les Ponts* d'Ivo Andrić, devant une vingtaine de lycéens. A la suite de quoi, je n'ai pu m'empêcher d'enchaîner avec la désormais fameuse *Grenouille qui avait une grande bouche*. La professeur de français qui les accompagnait me remercie d'avoir fait rire ses élèves qu'elle n'avait plus entendus rire depuis longtemps. Voici sa phrase exacte : "Ils ne connaissent plus la joie." Sur les échafaudages du chantier tout près duquel nous nous tenions, une noria de bras montait du ciment frais jusqu'au niveau des tours. La passerelle est étroite, vont et viennent entre la classe et moi des soldats de la SFOR, deux Français qui me disent "Bonjour !", les habitants de Mostar passant de l'un à l'autre côté de la ville, amusés, intrigués, indifférents surtout. Tout cela au-dessus des eaux de la rivière, émeraude écumante sertie du fer impitoyable des croyances.

Tom à l'instant, plongé dans les devoirs de mathématiques du CNED (comment se décompose *notre* calendrier ?), installé dans le salon de Francis Bueb qui nous accueille dans son appartement, s'inquiète soudain du livre d'or. Déjà fourni de petits mots de sympathie, d'encouragements, écrits dans toutes les langues, messages avec lesquels je souhaitais traverser les frontières, ce livre a disparu, avec tous ceux qui constituaient notre bibliothèque. Notre voiture de logistique vient de nous être volée.

Cette nuit-là, le vent soufflait…

Trois heures quinze. Une tôle mal fixée sur le toit de la pension *Most* se soulevait, s'abattait sans répit. L'émotion de la veille à Stolac. L'absence de chauffage aussi. Impossible de dormir. Comme j'avais le projet de marcher quarante-huit kilomètres, de Mostar jusqu'à Jablanica, je me levai pour partir. Dans la rue sous les fenêtres de la chambre d'hôtel, plus de voiture.

La suite appartient à un mauvais procès-verbal rédigé par un flic de service, sans espoir d'obtenir, malheureusement pour lui, aucun prix littéraire. Et pourtant, il s'applique le bûcheron à taper d'un seul doigt sur le clavier de sa machine pour parler du poète qui s'est fait dérober son 4x4.

Je n'oublierai jamais le regard de son collègue, à cinq heures du matin, dans une pièce enfumée du commissariat de Mostar. Utopiste marcheur, abattu, face au chef poursuivant son rapport, je décline une à une les beautés de la voiture. Ses chevaux, sa galerie, ses malles bleues, dans le coffre à l'arrière sa superbe bibliothèque intégrée que je dessine très grossièrement sur mon carnet, pour qu'il comprenne. En diagonale, d'un coup, je réalise que son collègue me fixe. J'avais cru tout d'abord sa mise au point visuelle faite au-dessus de ma tête quelque part dans mon dos sur une note de service. Pas du tout, il me fixe. Son œil gauche plus ouvert que le droit ne lâche pas un instant mon regard. Et bien qu'incrédule et défait j'aimerais comprendre ce qu'il me veut. Loin d'être vide, dans ce regard point de mépris, rien ne peut cependant m'expliquer ce qu'il y met, à son insu peut-être même. Dois-je le soutenir ?

Pour le faire un instant, je m'applique à gommer de mon propre regard tout dédain, arrogance ou je ne sais quelle petite lumière mesquine qui traînerait derrière soi le début d'un défi, “Le premier qui les baisse a perdu !”. Non, je demande, j'implore presque. Que veut-il me transmettre ? Dur, c'est certain, mais nullement agressif, il n'y a pas de tutoiement familier dans ces yeux, il y a même un vouvoiement de respect, de monsieur à monsieur. Comment traduire ?

Cherche-t-il également de son côté à comprendre le pourquoi de ma présence dans sa ville ? "Qu'êtes-vous venu faire chez nous, maintenant, aujourd'hui ? Vous arrivez trop tard..."

Je suis venu ici pour lire des livres. Pour avoir lu, relu, annoté, ceux que j'avais dans la voiture, ils m'étaient chers, très chers. Ils connaissent à présent le contact de mains habituées à manier le métal des kalach'. Cependant, toutes ces mains réunies ne parviendront jamais à brûler ni à détruire en une fois tous les livres. Quarante-huit heures après ce cauchemar, je suis déjà devant une trentaine d'étudiantes de la faculté des lettres de Sarajevo avec entre les mains *Le Spleen de Paris* de Charles Baudelaire que Francis et Ziba du centre André-Malraux m'ont offert avec d'autres et dans lequel je leur lis "L'Etranger" :

> — Qui aimes-tu le mieux, homme énigmatique, dis ? ton père, ta mère, ta sœur ou ton frère ?
> — Je n'ai ni père, ni mère, ni sœur, ni frère.
> — Tes amis ?
> — Vous vous servez là d'une parole dont le sens m'est resté jusqu'à ce jour inconnu.
> — Ta patrie ?
> — J'ignore sous quelle latitude elle est située.
> — La beauté ?
> — Je l'aimerais volontiers, déesse et immortelle.

— L'or ?

— Je le hais comme vous haïssez Dieu.

— Eh ! qu'aimes-tu donc, extraordinaire étranger ?

— J'aime les nuages… les nuages qui passent… là-bas… là-bas… les merveilleux nuages !

Dans un bref inventaire, nous retrouverons un livre, un seul, un cadeau de Janine et Jean-Claude, nos cousins et amis d'Arcachon, tous les deux sont libraires. Un tout petit format aux éditions Mille et Une Nuits, qui se glisse dans la poche, *Lettres à Lucilius* de Sénèque. Ici, la dédicace prend un drôle de relief :

> Oxor ? Ne trouvant nulle trace de ce héros, nous en avons conclu que ce devait être un griot comme toi. Blanc, mais grec ! Peut-être a-t-il existé ? Alors, qu'il t'accompagne…

Je nous revois dans le couloir de la maison de Francis et Ziba, abasourdis et épuisés, au milieu de nos sacs en plastique, et du peu d'affaires que nous avions conservées cette nuit-là dans la chambre d'hôtel, nous venions de tout perdre, sauf l'envie de poursuivre.

Je remercie Sénèque : “La belle chose que le contentement dans la pauvreté ! Mais il n'y a plus pauvreté, s'il y a contentement…”

QUARANTE-HUIT HEURES QUE LE SILENCE

Sarajevo, fin décembre

La Bosnie-Herzégovine, votre prochaine destination !
Là où l'Orient se lie avec l'Occident,
Là où les montagnes touchent la mer,
Là où plusieurs cultures n'en ont construit qu'une,
Là où l'aventure est une règle...

Je cite une mauvaise photocopie que l'on donne à l'envi aux francophones de passage dans Sarajevo ville, la Perle des Balkans.

Quand le brouillard fait tousser la moitié de la ville, et que bien des épaules demeurent voûtées au souvenir de la guerre, la Perle des Balkans a du mal à briller. Difficile aujourd'hui de nous vendre du rêve, aucun guide ne peut tenir ses promesses, pourtant ce n'est pas manque d'insister : "Venir en Bosnie, c'est se donner l'impression d'être un découvreur de richesses."

Quarante-huit heures que le silence tombe en morceaux du ciel. Il neige, et j'aime beaucoup la carte postale. Partout le blanc s'impose. L'armistice des ruines pourrait presque avoir lieu. Pourtant, le moutonnement des courbes est à jamais vaincu, la ville renaît de ses effondrements et la neige ne peut rien contre les angles vifs des nouvelles constructions.

Jour de Noël, toute la ville glisse et chuinte du déplacement des roues sur du sucre de glace, des piétons maladroits semblent ivres. Du balcon d'où j'observe la scène, j'écoute aussi les gestes qui construisent. Un marteau cogne une tubulure, une planche claque au sol, d'une scie métal jaillissent des étincelles, j'entends leur grésillement, une voix tombe dans le vide, c'est un ordre. Des palettes de briques montent du sol jusqu'au trentième étage de deux tours jumelles presque achevées. Elles sont hideuses, tout le monde en convient. Sans relâche, on s'active avant que ne parvienne des hauteurs un quelconque repentir d'architecte ou d'urbaniste esthète. Certains d'écrire à longueur d'essais *l'esthétique de la guerre*, *la fascination de l'horreur*. A quand de généreux ouvrages sur *l'esthétique de la paix*, ou simplement sur *le bonheur*, cette connerie insipide, comme l'affirment certains ?

Les musulmans travaillent. Pour l'occasion, ils ne cèdent pas encore à la déviance des chrétiens vers le mercantilisme des grandes surfaces. Mais je fais confiance aux métissages, avant cent ans, nous pousserons tous nos caddies dans la liqueur des mélodies du père Noël. Chrétiens, musulmans, Carte bleue, même combat !

Le soir, quand la nuit tombe, tout autour de la ville, comme une carte du ciel posée sur le flanc des montagnes, mille et un réverbères s'illuminent. Pointillés de lumière dans le noir. Du haut des minarets s'élance l'appel à la prière. Les voix sont grêles et nasillardes, les haut-parleurs tutoient la neige en lui disant qu'Allah est grand. Toutes les voix qui prient se chargent d'arabesques. L'islam en mélodie rejoint le faible écho d'une chapelle en Croatie d'où s'élevaient dans le brouillard des chœurs de catholiques. Le non-croyant aime écouter les chants sacrés. La plainte est émouvante. Il doit y avoir une parenté d'ivresse à lire et psalmodier. Chacun se donne au dieu qui le protège, personnellement, je donne mon âme aux écritures laïques. C'est vrai, les écritures divergent, on y va tous un peu de son prosélytisme. Je cherche cependant à discerner ce qui diffère entre moi-même qui lis *les* livres et ceux qui lisent *le* Livre.

Dans ce pays qu'est la Bosnie-Herzégovine, pays d'Oxor par excellence, je me réjouis de voir un peuple musulman sans volonté ostentatoire d'afficher sa croyance. Dans les tramways de Sarajevo, je croise moins de femmes voilées que dans le RER de la ville de Paris. Je ne parle pas des barbus, écartés voici peu de la vie publique, en apparence seulement, ils n'en agissent que mieux en souterrain, après avoir à grand renfort de propagande voulu apprendre aux gens d'ici ce qu'était la *vraie* ligne du Livre.

Combien de temps le peuple de Bosnie résistera-t-il aux sirènes de la reconstruction, venues chanter, à coups de pétrodollars, l'islam pur et dur des terres d'Arabie et d'Iran ? Ne serait-ce point là, dans cette Europe des Balkans, que nous aurions nous pays riches toute notre place, pour affermir ces champs de tolérance et d'ouverture intellectuelle qui existent déjà ? Ou bien, préférera-t-on voir s'en aller inexorablement cette version modérée de l'islam vers les mains grandes ouvertes de prêcheurs moins amènes ?

Professeurs de français et de littérature se saignent pour acquérir un nouveau titre, un seul par mois. Le prix d'un livre de prières ne rebute pas ceux qui l'achètent. Où se situe le sacrifice ? On me demande de lire Apollinaire. "Si vous avez *Poèmes à Lou*, ce sera avec plaisir…" La professeur m'emmène près d'une vitrine fermée à clé dont elle extrait, après l'avoir ouverte, un livre en deux morceaux et dont il manque la couverture. J'en reçois la bonne part, j'y trouverai le poème :

Mon très cher petit Lou je t'aime
Ma chère petite étoile palpitante je t'aime
Corps délicieusement élastique je t'aime

Vulve qui serre comme un casse-noisette je t'aime
Sein gauche si rose et si insolent je t'aime (...)
O petit Lou je t'aime je t'aime je t'aime

Certaines des étudiantes possédant un français remarquable rosissent à l'écoute du texte. Que de douce façon vous enflamme le culte que voue le poète à l'amour !

Partout, dans les bibliothèques, ce ne sont que rayonnages anémiés, devant lesquels le désir est immense. Où que j'aille lire, on me demande, tel ce détenu de la prison de Blazuj en banlieue proche de Sarajevo, une donation de livres pour éclairer leur terne quotidien. Au milieu du réfectoire, son voisin quitte sa chaise. Debout derrière la table, il déclame *La Chienne* de Iessenine en bosniaque. Comme un livre vivant, à la fin du poème, il s'assoit, sans rien dire. Un retraité bénévole du centre culturel de Travnik me demande de le mettre en contact avec des financeurs ou des mécènes pour tenter de remettre en selle leur festival pluridisciplinaire interrompu depuis plus de dix ans. La visite du centre est édifiante. Le directeur y tient. Etage par étage. Salle après salle. Dans le grenier dortoir aménagé sous les combles, un coin est réservé aux apprentis hard rockers dont le batteur joue comme il peut sur des cymbales cassées.

Dans le théâtre de poche de cent trente places, se prépare activement la première d'une pièce dont on a déjà doublé le nombre de représentations. Le décor, de bric et de broc, tient plus du patronage que d'autre chose, mais les techniciens y croient. Ils s'esquintent à fixer une corde qui tombe du haut des cintres. Au bout, un nœud coulant. Pour y pendre peut-être, haut et court, le mauvais sort des années noires. Après la guerre, ne restaient que les murs, tout avait été pris, mobilier, huisseries, tentures. L'âme est restée. Les photos noir et blanc de précédents sociétaires, de troupes en costume, de tout un faste qui n'est plus, s'affichent sur des murs glacés. Dehors, il neige.

Au rez-de-chaussée, à l'entrée de la salle de répétition de l'harmonie municipale, une pile de radiateurs en fonte, entassés là, les uns sur les autres. Depuis deux heures qu'ils soufflent dans leurs tuyaux, les joueurs de cuivre n'ont pas boosté le mercure d'un iota. Il fait un froid terrible. Les musiciens remballent pour laisser place à la chorale. Chassé-croisé discret dans le plaisir de partager l'essentiel, et chacun de garder son manteau. Avant de ranger l'instrument de sa vie dans son étui de velours satiné, son propriétaire nous montre une somptueuse Henri Selmer. La prunelle de ses yeux. Puis, nous avoue travailler comme soldat de la SFOR. Combien d'années de solde pour les cinq mille euros nécessaires à l'achat de sa trompette ?

"Venir en Bosnie, c'est se donner l'impression d'être un découvreur de richesses." C'était marqué dans le guide.

Travnik encore, dans l'ambiance enfumée du café du centre culturel, je lis devant trente spectateurs, tous très jeunes. Leurs conversations ne cesseront pas cependant leurs oreilles traînent. Lorsqu'il s'agit de choisir entre Sławomir Mrożek, un auteur polonais et *Les Villes invisibles* d'Italo Calvino, c'est l'auteur italien qui l'emporte. De l'obscurité du titre *Les Villes invisibles* voudraient-ils inconsciemment éclairer dans la nuit les villages des montagnes alentour, tous détruits jusqu'à leur dernière pierre ? Ecouter, regarder, sans vouloir à tout prix expliquer. Respecter la pudeur.

C'est à Tuzla, un regain d'applaudissements pour Charles Baudelaire. A la maison de retraite de Sarajevo, des rires à la lecture de *La Soupe de la mamée* de Jean-Pierre Chabrol. Des bises de grands-mères poudrées. *Frère Jacques* en français chantonné. Au centre d'accueil Oaza pour handicapés mentaux, un poème d'amour qu'il venait d'envoyer à sa belle par texto, lu devant tous, par un jeune dans le public, son écran minuscule de portable à quarante centimètres de ses yeux. Toutes lectures accompagnées de mon double, Nihad Hasanović, jeune écrivain bosnien traducteur talentueux qui me permet de parler sans obstacle, même à ceux qui ne parlent pas le français. Un programme de lectures on ne peut plus éclectique impulsé par un homme, remarquable entre tous, venu là en Bosnie aux pires heures de son histoire. Francis Bueb, créateur du centre André-Malraux dans la ville assiégée de Sarajevo.

Tout en parlant, il n'arrête pas de bouger, de la cuisine au salon, pose son verre sur la table, le reprend, le repose, en avale une gorgée, débarrasse une à une les feuilles sèches d'un ficus, dans le pot, sur les branches, jette un œil par la fenêtre, la neige a cessé de tomber, lui aussi, il s'arrête. Debout devant la baie vitrée, sa silhouette un peu voûtée se perd dans le fouillis des citronniers, des oliviers, des orangers qui poussent dans son salon. Je pense au livre de Miljenko Jergović *Le Jardinier de Sarajevo* :

> C'est la curiosité qui maintient les hommes en vie. C'est encore ce qu'il y a de mieux, de plus honnête. Tout le reste n'est que flagornerie eu égard aux larmes d'autrui.

Je ne vois plus que son dos, il s'est tu. LCI passe en boucle des images de la ville d'Arles inondée. Juste à gauche de l'écran, sur un petit moniteur numérique défile un document sur Malraux. Il cherche une scène précise. Sur l'autre versant de la vallée, face à lui, d'où les Serbes alignaient les Bosniens, des réverbères scintillent. Se repasse-t-il des trajectoires de balles traçantes sur cette calme soirée de Noël ? La nostalgie du pire peut-elle nous épargner ?

“Tu veux voir mon blouson d'aviateur ?”

C'est un objet auquel il tient visiblement.

"Tu conduisais des avions ?

— Hélas, non !"

En dessous du col, il montre à Tom une étiquette : *Compagnie : André Malraux. Groupe sanguin : Espoir.* Il ouvre et ferme des fermetures éclair, des poches secrètes, du bout des doigts éprouve le satiné de la doublure, un revers en fourrure…

"Tu peux cacher tout ce que tu veux !"

Clin d'œil malicieux de Francis.

"Top secret Tom ! Je compte sur toi…"

Ziba très ferme intervient : "Non Francis, pas ce soir, ce n'est pas le moment !"

Francis acquiesce, remplit son verre, il déteste les repas de famille, ça l'emmerde. Avec nous, sacrifie de bonne grâce au repas partagé. Il aime jouer les bourrus. Car c'est lui qui choisit *Les Contrebandiers de Moonfleet* de Fritz Lang dans son immense vidéothèque afin que Tom ait du plaisir.

Parmi les livres aussi qu'il affectionne, sa silhouette se dessine. Il affirme en avoir trente-trois mille. De livres ou de silhouettes ? Dès que le centre ferme, dimanche, jour de Noël, 1er janvier, il y est. Il les range, il les classe, les essuie. Des objets de valeur pour lesquels sa mémoire attribue à chacun une place, et une seule. Là, par terre sur le parquet, posé sur un tapis, la table vitrée d'un bureau dans un angle, près d'une plante car il a la main verte. A l'image du bouquiniste Mendel de Stefan Zweig dans l'arrière-salle d'un vieux café de Vienne, il référence, dans sa tête. Et pas le temps d'écrire lui-même sa propre histoire, trop de livres à faire lire. Il me prête *Les Abeilles et la Guêpe* de François Maspero :

> Plusieurs visions sont nécessaires pour donner de la profondeur à ce qu'elles regardent, et mieux vaut qu'elles soient innombrables. C'est la seule raison qui justifie qu'il y ait tant de livres.

Tom est plongé dans son devoir de français, il cherche l'orthographe du mot *médicament*, *m*, *é*... puis me pose la question : "Une balle, ça traverse un dictionnaire ?" Et chaque fois, la voiture pour Travnik ou Tuzla, de la nuit, de la neige, des mains serrées longuement : "A bientôt, revenez !" ou le tram le matin pour aller visiter les lycées.

Point de meilleur endroit d'observation que les transports en commun pour lire ce qui se dit dans le mutisme de ceux qui les empruntent. Une passagère assise devant moi laisse ses yeux glisser sur les façades. Le tram s'arrête à la hauteur d'une palissade couverte d'une fresque peinte de noir, de gris, de blanc. Une tête de mort énorme et un slogan : *"Don't forget Srebrenica, 20.09.03*." La jeune femme détourne les yeux, cherche un instant où les poser, puis les échoue sur un panneau publicitaire de trois par quatre. Une femme longue et languide, chevelure brune sur un canapé beige, presque nue dans son coordonné rouge. Sous son corps allongé, c'est écrit : *"Makes you feel like a superstar."* Les yeux de la jeune passagère se détournent à nouveau. Où trouveront-ils un peu de paix ? Agression de la chair impudique, agression du souvenir, et toujours ces messages en anglais. De tout cela parvenir à construire son idée du pays dans lequel elle souhaite vivre. Se rend-elle compte cette jeune femme du courage qu'il lui faut ?

Au moment de la récré, Tom descend jouer dehors. Quel culot n'a-t-il pas ! Pour boucher, rien qu'avec de la neige, les trous d'impact de balles des murs de l'immeuble dans lequel nous logeons. Il y met tout son cœur. Quand le redoux brutalement souffle partout de l'air chaud, les mains lasses et ballantes, il s'écrie : "Je vois la neige mourir, quel crime !"

UNE PEUR DE FOU AU VENTRE

Grèce du Nord, fin janvier

Tout est allé très vite. Je descendais le col du haut plateau de Flórina en Grèce, qui court par le nord-est jusqu'à Prilep, en république de Macédoine. Les étendues de neige au loin donnaient partout une lumière insoutenable, une lumière d'argent. Le vent, pour sa part, descendait des sommets alentour, altitude oscillant, deux mille trois, deux mille cinq. Il était saturé de cristaux. Température moins quinze. Un temps d'hiver étincelant.

Une petite route glissait entre des plaques de neige fuselées par les rafales. C'était l'après-midi, les heures de marche accumulées dans cette usure piquante m'avaient un peu anesthésié et je coulais vers le lac d'Aminthéo, en pilotage automatique. En cet état second dans lequel la pensée vagabonde sans logique apparente, des aboiements de chiens très atténués me parvenaient. Pouvais-je imaginer qu'ils m'étaient destinés ? Ces salauds m'avaient repéré depuis longtemps. C'est seulement les voyant à cent mètres traverser les labours sur ma droite que j'ai pris la mesure du danger. Ils ont fondu sur moi, littéralement. J'ai compris, mais trop tard. La meute comptait une douzaine de chiens bergers, poil roux et crème, oreilles tombantes, queues en panache, d'une taille raisonnable m'arrivant à mi-cuisse. Un cauchemar d'aboiements. J'ai pensé prendre mes gants dans mon sac, dans l'intention de me protéger les mains. Pas le temps d'ouvrir la fermeture éclair, deux molosses déboulaient sur la route, toutes babines retroussées sur des crocs effrayants.

Vite, mon couteau ! Parka fermée, sac arrimé, bâton d'une main, couteau de l'autre, j'affirme mes appuis sur l'asphalte en position de défense. Et j'attends qu'ils s'approchent. Un rapide coup d'œil derrière moi me permet de voir que le reste de la meute me contourne pour m'encercler selon la règle bien connue des loups. Je pense tellement à la meilleure façon de me défendre que la peur n'est venue que plus tard. Par instinct de survie je n'envisage que de me battre.

Coup de chance inouï, dans mon dos, une voiture arrivera. Klaxon hurlant, c'est elle qui me sauvera la mise en stoppant net les cabots. Je crie un grand merci au chauffeur qui, un moment, tient les bêtes en respect, le temps que je m'éloigne en courant, avec cette fois, une peur, une peur de fou au ventre.

Pour une fois qu'une voiture tire d'affaire un marcheur, vive la reine du goudron ! Cette frayeur apaisée, rien ne pourrait amoindrir mon envie de marcher. Depuis un mois que nous attendions qu'on nous acheminât, Paris-Sarajevo, une voiture neuve de location, une Fiat Doblo, il me tardait de reprendre les chemins.

Au bord du lac Végoritis, à quatre jours de marche de Thessalonique

Un blanc, un gris. Deux échassiers. Une aigrette et un héron me précèdent. Grâces de flûtes à goûter le champagne en cette bordure de lac où craquelle la glace. De trois cents mètres en trois cents mètres, ils se lèvent puis se posent pour m'ouvrir le passage. Six heures déjà que je marche, sans me lasser de cette immense étendue d'eau prise dans un anneau de sommets enneigés. Entre l'eau et la route qu'aucune voiture n'emprunte, en pente douce, des cailloux mêlés de fins graviers, de sable de coquilles de minuscules mollusques. Mon pas craque parfois sur du givre sculpté. Ce matin, le soleil aveuglait la surface du lac et la brume toute bleue de ce bleu de gitanes.

A quinze heures, bien plus tard, il balaie de blond, roselières et sable, derrière lesquels la teinte prune des vergers témoigne du printemps qui travaille en secret. De parcelle en parcelle, je passe près des tailleurs qui, seul, à deux ou trois, préparent les arbres avant que ne monte la première sève. Nous échangeons quelques mots en anglais, ils écrivent en grec sur mon calepin de bord le nom des arbres qu'ils sont en train de tailler. Pêchers, pommiers, cerisiers, vignes, chaque rang parcouru d'un tuyau d'irrigation, que des pompes alimentent dès le début de l'été, en épuisant les eaux du lac.

Histoire, géographie, siamoises inséparables, avec le faible que j'avais lorsque j'étais enfant pour la géographie physique qui se passe aisément de la présence humaine. Moment privilégié où, seul, au point de pouvoir m'allonger pour embrasser la terre, je le ferai caché des hommes. Odeur de craie du caillou sur lequel je pose mes lèvres. La sensation de froid du minéral n'a rien de très sensuel mais fouette le sang du pavillon de mon oreille quand j'écoute la rumeur en dessous du silence. Avant que ne revienne le bruit des mots que j'aime lire en public, je me repais du clapotis sans fin du lac.

Viendront bien assez tôt ces heures plus difficiles quand l'énergie d'un coup vous abandonne. Dans le delta fertile de Thessalonique, les vergers feront place aux champs boueux de coton séparés par de visqueux canaux désespérément rectilignes. La terre sera lourde et collera aux chaussures. Je parviendrai tout de même à faire ami ami avec mon corps qui criera de toute part la fatigue. Je souhaitais tant savoir comment le ciel s'éclaire en descendant de Macédoine jusqu'au rivage de Salonique. Dès lors, mes yeux ainsi emplis s'éclaireront d'une lumière indispensable à la lecture que je dois faire des auteurs grecs dans les cafés, bibliothèques et librairies pendant deux semaines en Grèce.

LES AUSPICES DES DIEUX ONT LA FIBRE GOURMANDE

Début février, vivre d'abord,
écrire après peut-être

Il reste sur les tables toutes sortes de *mezze*, hors-d'œuvre, de la salade de choux, des crudités, tomates, carottes râpées, concombres en rondelles, de la feta, du tarama, du *tzatziki*, des piments, des poivrons marinés, des beignets au fromage, des côtelettes de porc, certaines intactes, d'autres entamées, des pommes de terre grillées, et tout à profusion, alors que les ventres sont pleins.

Le bel ordonnancement du début du service s'est écroulé dans l'épanouissement des sens et, à présent, c'est sans pudeur que les cure-dents fouillent au plus près des gencives les reliefs rebelles du festin. On écarte sa chaise des tables. On allonge volontiers en les croisant ses jambes. Les mains glissent sur les ventres et les caressent en vérifiant leur nouvel embonpoint.

Une énorme brioche à la poudre de noix décorée d'arabesques de sucre glace blanc, d'amandes grillées, de fruits confits rouges et verts, passe de main en main. Chacun cherche la fève. Une pièce d'un euro cachée dans la pâte. C'est, en cette fin de semaine à Serrès, l'occasion de fêter l'épiphanie orthodoxe. L'association Serrès-Fosses de cette commune de Macédoine, jumelée avec Fosses en région parisienne, profite de la fête pour mieux nous réunir "sur les chemins d'Oxor". Les auspices des dieux ont la fibre gourmande.

Kyriaki, mon hôtesse, m'avait pourtant prévenu : "Le début, c'est la moitié de tout…"

Pouvais-je deviner, en pénétrant dans la grande salle du restaurant *Les Hirondelles*, maison fondée en 1914, dans ce décor néo-rococo stuc, pouvais-je deviner, l'autre moitié de tout ? Certaines en couple, mais seules pour la plupart, toutes professeurs de français du troisième lycée de la ville, jeunes ou moins jeunes, élégantes, bourgeoises, aux chevelures crêpées de peu, les femmes arrivèrent comme autant de grains gorgés de sucre dans l'ambre chaleureux des appliques et des lustres. Bracelets aux poignets. Croix brillantes aux gorges. Une fièvre secrète allumait les regards et pourtant leurs paroles étaient sages, leurs propos convenus, rien ne pouvait indiquer à mon œil néophyte que… "Le début, c'est la moitié de tout…"

Sur les tables dressées en fer à cheval, petits drapeaux de France, de Grèce et d'Europe mêlaient à leurs bleus différents et le jaune et le rouge. Une amitié de coloriage sur la blancheur des nappes en papier. Pendant ce temps, sur l'estrade, un joueur de guitare sèche procédait aux réglages des micros. Pour tester le larsen, ses sifflantes agacèrent un moment les oreilles, puis, la voix de sa fille, jeune femme complice de l'artiste et du père, éleva dans la salle la puissance du chant. Certes, timide encore, mais laissant à l'ouzo le temps de réveiller l'ivresse. A l'affût dans le cœur, ce brouillard, cette brume, ces vapeurs goutte à goutte diffusés jusqu'au centre de l'âme d'un peuple. Un rire fuse, puis un autre, un troisième, tous les verres qui se lèvent et l'on trinque à l'arrivée du bouzouki. Viennent de rompre les digues sur ses premiers accords, *l'autre moitié de tout* déferle sur la salle.

Certaines des convives tapotent encore avec retenue le rebord de leur table, mais d'autres déjà oscillent des épaules et baissent les paupières comme des algues rêveuses. L'une d'entre elles, en bout de table, renverse son visage, offre au plafond qui la sépare du ciel la nostalgie de l'âme. Elle chante, et le bouzouki pleure…

La fit dresser, comme un ressort, la décision de venir m'inviter à danser. Arrivée près de moi, cette femme, cheveux en guiche, au visage émacié, toute de rigueur vêtue dans son tailleur à coupe d'homme, à bout de bras tendus, m'intimait l'ordre de ne pas refuser et repliait ses doigts vers elle à gestes répétés, je compris sans avoir à traduire qu'il me fallait la suivre sous peine d'outrage à son vouloir de femme. Comment le savait-elle, que j'aime au-delà de tout musiques et mélodies qui vous ordonnent : "Lève toi et danse !" ? Son appel fut si fort.

Sans que nul ne le vît, je quittai mes chaussures pour la suivre pieds nus jusqu'au centre des tables. Une salve de joie envahit l'assemblée de me voir épouser leur musique, d'honorer les cadences qu'eux-mêmes épousèrent sur les plateaux d'Anatolie et rives de mer Noire quand la terre de l'Orient remplissait de poussière les petites salles des fêtes au fin fond de leurs villages, là-bas, l'hiver.

De torsade en torsade, comme un huit infini dans nos bras élevés, nous sommes là, tout entiers, la danseuse et moi enveloppés de mémoire et d'ancien bouzouki parvenant à nous dire par de simples frissons des épaules ce que nos langues, grec et français, ne pourront jamais se dire. Dans la salle, tout autour, la cadence est battue par des mains endiablées, notre perte est signée. La musique accélère. Le parquet se dérobe. Nos genoux s'infléchissent et repartent à l'assaut du plus beau des dialogues, d'autant plus généreux que le verbe a fini par se taire. Au milieu de leurs gestes, nos deux corps improvisent.

Au café littéraire de la veille, parmi les spectateurs, un vieil homme ramassé sur lui-même, comme un digne émissaire du *logos*, demandera en grec à mon délicieux hôte et traducteur Alexandre Athanassopoulos à quoi sert selon moi le langage. N'étant ni philologue ni linguiste, je répondrai à la manière du poète qui toute sa vie se demande à quoi sert le poème. Le langage me donne de la force pour vivre.

Thessalonique me semble déjà si loin

Les Alkyonides y furent un vrai délice. C'est ainsi que l'on appelle, au tout début de février, ces quelques jours d'une grande douceur qui font croire au printemps bien avant qu'il n'arrive. Héra, la déesse immortelle et jalouse de Zeus, amateur de jupons sur la terre des mortelles, Héra, de colère, transforma l'une d'elles en oiseau pour punir l'infidèle. Celle-ci obtint des dieux le pouvoir de souffler le zéphyr en clémence, pour le temps que durerait la dépose abondante en son nid de ses œufs. Mais ce matin, sous l'averse violente de neige qui recouvre peu à peu les quelques pierres qui restent au sol de l'ancienne agora de Thasos, dans le silence odieux des siècles et du cresson qui pousse au milieu des colonnes, je revois ma réponse. Le langage nous sert à reprendre des forces au milieu de nos ruines.

Ces moyens misérables dont on use pour nourrir le souvenir…

Je revois sur le site des tombes royales de Vergina, perdu au pied des contreforts du mont Olympe, je revois les splendeurs et richesses qu'Alexandre le Grand mit en œuvre pour que vive et traverse jusqu'à nous la mémoire de son père Philippe II.

Aux heures de gloire du grand amphithéâtre dont il ne reste quasiment rien, ce n'étaient que clameurs en ce jour de mariage de sa fille Cléopâtre. Mais c'était sans compter sur le traître Pausanias qui porterait le fer de son poignard celtique jusqu'au cœur paternel et aimé de la noble poitrine. A la perte de l'homme politique, du stratège au charisme naturel dont le portrait gravé sur les pièces d'or de l'époque se retrouve en effigie sur les timbres-poste d'aujourd'hui, à la perte de l'homme, s'ensuivront des travaux, des commandes aux artistes, architectes, peintres, sculpteurs, joailliers, pour que ruisselle en abondance le meilleur de l'ivoire et de l'or, de l'argent et du verre, soufflé, sculpté, teinté, des bijoux et des armes, des vaisselles, des amphores remplies d'huile et de vin, des amandes et des noix, des parfums et du miel. Et combien de petites gens, d'anonymes, à suer sang et eau pour recouvrir sa chambre funéraire d'un tumulus immense de treize mètres de haut et de cent de diamètre comme un sein de silence sur le bruit d'une vie qui traverse les siècles ?

En quittant Kavalla, vingt-cinq siècles plus tard, "sur les chemins d'Oxor", nos vies se seraient-elles trop peu croisées pour que nos généreuses hôtesses, toutes professeurs de français, nous laissent aller vers le voyage en nous confiant tant de bonnes choses ? Un peu de mort nous accompagne à chaque fin d'étape et dans le coffre de la voiture ce sont de merveilleuses offrandes.

Du pain pétri et cuit par la belle Athina. Du *tsibouro* distillé par le grand-père de Michaëlis. Les olives du jardin. Et le miel. Et les noix. Mais aussi de petits hauts de fantaisie que la douce Anastasia offre à Corinne. La pleureuse Maroula, effondrée par la mort de sa tante, viendra vers nous dans le jardin. Comme une tendresse verte sur le noir de son deuil, dans une main, un bouquet de coriandre, et, dans l'autre, une vieille édition Hachette de 1868 de morceaux choisis de Pascal, Mme de Sévigné, La Bruyère, Massillon, Fontenelle et Buffon, que son grand-père, professeur de grec ancien, sauva de la catastrophe d'août en 1922, en quittant Smyrne pour toujours, cette vieille édition qu'elle nous donne aujourd'hui, comme une promesse de retour.

Angèle, maîtresse d'œuvre de ces rencontres, nous conseillera encore Henry Miller et *Le Colosse de Maroussi*, Jacques Lacarrière et *L'Eté grec*. Penché sur le plan d'Istanbul, juste avant de partir, je coche d'une croix le bloc d'immeubles en B14, où Athina semble se souvenir d'avoir vécu les sept premières années de son enfance dans cette belle ville qu'elle nomme toujours Constantinopoli. Je lui promets de lui envoyer par mail le maximum de photos des façades parmi lesquelles elle retrouvera, peut-être, celle qui fut la sienne.

Passeur de livres d'une ville à l'autre, de souvenirs qui se déplacent et de blessures qui sèchent dans le vent des paroles. Voilà peut-être à quoi sert le langage.

Ecriture et lecture, en leur temps, me sauvèrent. "A votre âge, j'étais désespéré", répondrai-je sans détour à un lycéen de Kavalla cette fois. De voir ma vie devant, sans ne savoir qu'en faire, m'horrifiait. Mais suis-je déjà si vieux pour qu'un adolescent me pose ce genre de question ? "Monsieur, auriez-vous un conseil à nous donner pour notre vie ?" Sinon d'être patient, de découvrir en soi la passion que nul ne suppose à part vous, je n'ai aucun conseil à vous donner, peut-être à la rigueur un poème. L'amphithéâtre dans lequel on nous a réunis est immense, ils sont bien cent cinquante à attendre dans une grande émotion. Je leur dirai les yeux fermés :

Et si ce soir,
J'oublie de mettre la lumière
Ne cherche pas l'interrupteur
Enfouis ta tête dans la braise
Puis fouille en toi l'incandescence

Ton corps dans la brûlure
Ton âme dans la brise
Sois le premier des perce-neige
Dans le jardin des émotions

Imagine un instant sur la tombe du poème
inconnu
Une couronne d'iris bleus
Et des abeilles qui butinent

Bonheur

LES LENDEMAINS DE L'ESPÈCE

Fin février

Regarder de temps à autre dans son dos la ville que l'on quitte, disparaître peu à peu. Et porter son regard en avant. Plus loin, peut-être une autre ville attend-elle patiemment qu'on lui dise ce qui se passe avant que les chemins ne se transforment en rues, de quoi se constitue l'espace qui les sépare, ce qu'il en coûte d'herbes folles avant le règne des pelouses, ce qui relie le début d'un trottoir à l'endroit de sa fin, toutes choses faisant d'elle une ville ?

Xanthi de Thrace en Grèce s'adosse à la jointure de deux montagnes de pierres pelées, au pied desquelles s'étend une vaste bande côtière de terres planes et fertiles.

A chaque ville traversée, je suis touché par le mimétisme des gestes qu'on y retrouve de l'une à l'autre et du dessin que tous ces gestes imposent à l'urbanisme quand urbanisme il y a, ou plus souvent à l'anarchie du désastre qui en ressort. Le jeté des volumes se fait dans le désordre de la nécessité immédiate. Poussent là des maisons, où hier paissaient encore des troupeaux, et parfois l'on ne sait qui de l'urbain ou du rural prétend grignoter l'autre, tant les limites sont floues entre l'asphalte et le crottin. Le commerce et l'échange, mais aussi le besoin d'être ensemble, réunissent la plupart des humains en des lieux qui saturent rapidement de problèmes. D'un côté, l'acheminement des biens et des denrées, de l'autre, l'évacuation des déchets. Dès que la terre un peu plane offre à l'homme quelques distances où loger son sommeil, poser sa nourriture et coudre d'épouse à mari les lendemains de l'espèce, il y a de la merde alentour.

Xanthi-Porto Lagos, trente-cinq kilomètres durant, je marcherai dans une poubelle à ciel ouvert.

Aux abords marécageux du lac Vistonidas, lagune d'eau de mer croupissante, un coup de barre dans la tête, dans les jambes, s'ajoute à la vision d'apocalypse d'un dépotoir immonde. Plastiques. Bouteilles. Chaises. Pneus. Débris de carrelage et de briques. Jouets cassés. Emballages divers et variés. Tuyaux. Ferraille. Et partout dans les fossés pleins d'eau saumâtre, des cadavres de brebis, de béliers et d'agneaux par dizaines, à tous stades de décomposition. Quand j'approche des bergeries construites de bois, de tôles ou de canisses de roseaux mêlés, un vieil homme, à coups de fourche en l'air, pousse des poules vers un trou du grillage qui enclôt les bâtisses. Un autre, à quelques mètres, dans un fouillis de débris calcinés, repère une chaussure, la ramasse, la tourne de tous côtés, évalue son usure, cherche des yeux s'il n'y aurait pas la paire au complet par hasard, la rejette, m'aperçoit, me salue d'un *Yassas*. J'y réponds, sans plaisir. Puis mes pieds me conduisent près d'oiseaux migrateurs qui, eux, cherchent pitance à leur bec, parmi les ordures souveraines et des villes et des hommes.

J'aurais du tort à vous faire croire par quelques fausses perspectives que tout est beau, grandiose et digne d'intérêt par où mes pieds et mes yeux passent. On le sait, la terre est malade et rien n'y fera venant de l'homme pour la guérir de sitôt, à moins d'inscrire d'urgence à nos programmes de transmission scolaire une nouvelle matière qu'on appellerait *l'éducation terrestre*.

Au sud de Komotiní, marchant des heures sur des hectares de terres grasses et noires, à chaque pas, je m'efforce de ne pas oublier d'où proviennent les largesses des tables autour desquelles nos hôtes nous reçoivent. Ici, ce ne sont ni légumes, ni fruits, mais à perte de vue l'ondoiement de parcelles de coton fraîchement labourées jusqu'au bord de la mer. Les distances du monde demeurent inaliénables aux petitesses de l'esprit dont nous savons faire preuve. Car elles me semblent loin, pour moi pas moins qu'à un autre, les montagnes de coton que l'on ramasse ici des produits en usine que l'on tisse avec elles, mouchoirs, nappes et torchons. Amnésiques à bas prix que nous sommes de nos chaînes productives, nous pensons être libres en poussant nos caddies dans les allées des galeries commerciales, mais passé les échangeurs et les périphériques l'on trouve encore des mains d'agriculteurs prêtes à serrer les vôtres pour vous rappeler, si besoin est, que c'est ici que tout commence.

Puis, les pierres reprirent à la terre de quoi faire de l'histoire. Sanctuaire. Acropole. Amphithéâtre et vieilles traces d'un port. La côte retournée à son état sauvage livre à qui veut des vestiges que la mer investit de ses vagues. Quand on marche vers l'est, vers la profonde Asie Mineure, à main droite sur l'eau, il y a Samothrace qui veille. J'ai déjà dans la tête le détroit du Bosphore…

J'ÉCOUTE ISTANBUL LES YEUX FERMÉS

Istanbul, début mars

Je revois la silhouette d'Hélène, lors du Bal à Lire en Arles, debout sur l'estrade en bois de la salle des fêtes. Hélène, debout, devant ces pendillons de calque descendant de la hauteur des cintres, sur lesquels on pouvait lire le nom des villes de notre itinéraire à venir. Aix-en-Provence, Gardanne, Marseille, Turin, Carrare, Viareggio…

Sa silhouette, à contre-jour d'une lumière d'un bleu d'aurore, et sa voix, grave et calme comme personne ne l'attendait, s'élevant lentement dans le poème d'Orhan Veli, accompagnée délicatement du granulis d'un luth arabe. Elle seule savait qu'il viendrait dans le glissé des phrases. L'espace alors s'ouvrit jusqu'au Bosphore où je me trouve aujourd'hui, dans le souvenir de l'émotion incomparable que produisent parfois les mots, quand ils trouvent une voix pour les dire.

A peine ai-je prononcé, à mon tour, le début du poème, presque cinq mois plus tard, au cœur même de la ville, qu'arrive, par les fenêtres du lycée Notre-Dame-de-Sion où nous sommes réunis, lycéens, professeurs et moi-même, un bordel de klaxons sans nom. La salle éclate de rire, et souligne avec humour le caractère bruyant de cette mégalopole où il semble presque impossible de trouver l'intimité silencieuse que réclame le poème.

La semaine dernière, ce fut en pleine lecture du texte de Mohamed Choukri *Les enfants ne sont pas toujours fous.* J'en étais à lire ce passage où…

> L'enfant a une feuille de papier – blanche, immaculée – entre les mains. Il se lance dans un discours muet. Il ouvre la bouche, mais il n'en sort pas un son…

A ce moment précis, l'appel à la prière retentit pile dans le silence que d'ordinaire j'aménage après cette phrase. Cette fois, c'est moi qui faillis éclater de rire devant cette incursion plus qu'inopportune du muezzin dans le texte. Mais le public de la médiathèque de l'institut français, très composite ce jour-là, ne semblait pas prédisposé à l'usage d'un quelconque second degré. Seule une femme turque dira plus tard en aparté : "Il nous emmerde et en plus il chante faux…"

Au sein même de la société turque, pour le peu que je puisse en dire, on devine entre hommes et femmes, et femmes entre elles, la tension intellectuelle du débat sur la laïcité. Il en va de la liberté d'agir et de penser de ces dernières, et qu'elles soient professeurs, journalistes ou cadres supérieurs, du moins, pour celles que j'ai eu l'occasion de croiser, on les sent revendicatives au quotidien de leur métier d'une Turquie moderne, débarrassée de ses démons, avec le vœu très fort d'intégrer l'Europe au plus tôt. Le club chrétien bon teint bon genre de notre vieille Europe saura-t-il jouer la carte historique d'ouvrir sa porte aux quelque soixante-dix millions de visages de ce pays tourné vers l'ouest ?

Où que j'aille cette semaine dans la ville, à l'université d'Istanbul ou à celle de Marmara en Asie, dans ces lycées techniques assimilés *garages* ou ces établissements grand chic où l'argent coule à flots, adultes, collégiens, lycéens, toutes tranches d'âges confondues me poseront la question : "Quels étaient vos préjugés sur notre pays avant de venir ? Et qu'en est-il de votre jugement maintenant que vous y êtes ?" Car ils savent que nous ne savons rien de leur façon de vivre, et que peu nous importe d'en savoir davantage. Nous nous trompons bien sûr, il y a tant à espérer des métissages à venir, tant de choses à apprendre des peuples qui bordent Akdeniz, et peut-être avant tout, une générosité que nous ne connaissons plus.

Le soleil déclinait ce soir-là sur les eaux du Bosphore, nous étions un dimanche, fatigués de lumière, et marchions sur la digue en bordure de la longue Corne d'Or. De l'Europe à l'Asie et de l'Asie vers l'Europe, des bateaux de toutes tailles, traversiers, remorqueurs, chalutiers et barcasses, ou majestueux supertankers montant et descendant aller-retour de la mer Noire à Marmara. Toutes navettes minuscules sur cet immense métier à tisser. Je goûtais au spectacle, cette émotion inconnue, de voir là, sous mes yeux, une géographie capable d'inventer l'histoire et les histoires du monde.

Au pied de l'enceinte du palais des sultans où se trouve aujourd'hui le musée Topkapi, cinq hommes sur les rochers grillaient quelques poissons qu'ils dégustaient accompagnés de pain. Accroupis, bière ou Coca à la main, ils discutaient, et leurs mots s'en allaient sur un vent tiède et doux. "Bon appétit !" leur lancé-je en français en passant tout près d'eux. D'un geste de leur bras, aussitôt, ils me firent signe de m'approcher et m'offrirent deux poissons qu'ils posèrent sur un bout de journal déchiré. Sans pouvoir lire le turc, je devinai l'éditorial d'un journaliste dont la photo peu à peu s'auréolait de graisse.

Au loin, sur le pont Galata, crépuscule à présent achevé, des centaines de pêcheurs alignés côte à côte relevaient des eaux sombres incendiées de reflets de petites fritures de la taille d'un index fait d'argent, et les ferries vidaient ou remplissaient leur ventre de voitures aux très nombreux embarcadères d'Eminönü. Des familles entières traînaient encore dans la douceur du soir, des moitiés de visages avalés par le noir, d'autres furtivement éclairés par des phares, sur lesquels se lisait le bien-être des horloges ralenties. Chacun cherchant le plus petit prétexte pour retarder l'heure du retour.

Ainsi les délicieuses odeurs d'un barbecue flottant en arrêtèrent plus d'un sur ce quai débordant de vendeurs de couronnes au sésame, de pistaches et de marrons grillés, de mouchoirs en papier, de briquets, de piles et de gadgets *made in China*, de sous-vêtements immaculés à côté de cireurs de chaussures ou de vendeurs de livres. Des paquets de fumée blanche et bleue rabattus par la brise de mer balayaient les échanges, embaumaient les narines et nimbaient d'une complète incertitude les mouvements de la foule cependant tellement sûre de jouer juste le grand concert de ces milliers de gestes.

Ceux, précis et rapides du coupeur de petits pains. Une saignée sur le flanc comme on ouvre un poisson, puis, posé sur la planche, d'un coup, le tranche en son milieu et balance dans un sac en plastique les morceaux deux par deux. Le sac empli passe au voisin, chargé au centre du bateau, *un*, de surveiller la cuisson des grillades, des filets de maquereaux larges au moins de trois doigts, *deux*, de pousser sur le cul des bûchettes afin qu'elles flambent au cœur du brasero ronflant sous la grande vasque d'alu grésillante d'huile chaude, enfin *trois*, de fournir à la demande des dizaines de sandwichs.

Sa main droite disparaît dans le sac, en ressort un quignon, l'écartèle des deux pouces, d'une pince à main gauche, il saisit une tranche de tomate, jamais deux, des oignons en rondelles, répartit comme il faut les saveurs sur la mie, puis allonge un filet ruisselant de son jus sur lequel il referme la blessure qu'il transmet à un autre. Celui-là est à terre sur le quai, trait d'union entre ceux dont les bouches salivent en tendant leurs billets, impatients, et ses copains virtuoses dansant ensemble sur les eaux du Bosphore, sans verser une miette ni même une goutte d'huile, la grande danse de mer remuée sans arrêt par les remous des hélices des bateaux tout autour qui manœuvrent. Poivre et citron à volonté pour celles et ceux qui veulent, le chouïa velouté d'un moteur qui papote ou le vol très aigu d'une centaine de mouettes et le bruit délicieux dans les airs d'une corne de brume.

Dans les yeux de ces hommes enivrés du spectacle qu'ils donnent, une guirlande d'ampoules étincelle. La nuit serre dans ses bras la somptueuse Istanbul et leurs sourires convergent vers petit Tom qu'un instant ils font monter à bord.

Pour remercier leur hôte d'un mets qui les enchante, les Turcs disent : "Santé à tes mains !" Je reprends la formule, la leur vole et, du haut du bateau qui m'emmène en Asie, je lance au vent, à la ville, aux amis que j'y laisse, à Jean-Paul, le joyeux capitaine des rencontres de la semaine, je leur lance à chacun : "Santé à tes mains !", à d'autres fois, pour d'autres livres…

UN PETIT FAIBLE POUR LES YEUX DE LANGOUSTINE

Turquie, début du printemps

Quand je mange du poisson, j'imagine une vie magnifique, toute de chorégraphies fluides pour lesquelles mon assiette est toujours trop petite. Pour un banc de sardines ou d'anchois, il en faut des morceaux de miroir assemblés dans le même mouvement. Ils sont de ceux qui vrillent les reflets et font perdre la tête aux plongeurs. J'ai un faible également pour les yeux de langoustine. Par une curieuse fantaisie je leur attribue des tonnes de souvenirs que mes yeux n'auront jamais et je nourris bêtement l'espoir d'établir une passerelle entre moi-même, animal de surface, et leurs regards emplis de profondeurs. Alors je les croque avec beaucoup de mayonnaise. Par désespoir sans doute.

Car aujourd'hui de vieilles immensités marines m'accusent d'espionnage. La mer de Marmara m'en a laissé trop voir…

La baie d'Izmit étouffe. Trop de maisons, trop d'eaux usées, trop de complexes pétrochimiques, de cheminées, mais également trop de chantiers de constructions navales, trop de cimetières où naissent et meurent en boucle dans les seconds et les premiers de grands bateaux de tous tonnages. La mer étouffe. La pollution est outrancière, parfois même elle est belle. Sous un ciel anthracite, dans de tristes lagunes, des épaves pleines de rouille laissent aller dans la vase toute une vie de brouillards, de tempêtes et d'eaux calmes. A côté, dans d'immenses bassins surmontés de portiques, on découpe, on cisaille, on dessine des proues dans des plaques de fer. En bleu de chauffe, minuscules au pied des monstres qu'ils élèvent, des ouvriers soudeurs offrent au crachin des gerbes de lumière dont ils protègent leur visage derrière des masques à petite vitre rectangulaire. Ils construisent des volumes, ils assemblent des pièces, des hélices énormes, des turbines et des bielles. L'eau douce qui ruisselle sur ces coques se charge d'huile et s'irise aussitôt en plumage de paons dès qu'elle touche le sol.

Naquirent dans cette baie d'Izmit des cargos, pour toutes sortes de transports, pour du fret venu d'Afrique ou des plaines de l'Ukraine, et les sillages qu'ils laissent depuis sur d'autres mers brassent des bulles que les poissons ici ne peuvent plus faire. Je dois quitter la côte, cette fois j'en ai trop vu, je dois marcher à l'intérieur des terres.

Comment font-ils les vacanciers que l'on suppose à ces villes balnéaires, villes fantômes à cette époque, comment font-ils pour se baigner dans cet égout, sans attraper la mort ? Le rivage, quant à lui, est bordé de bâtisses fragiles, le béton se lézarde, des terrasses s'affaissent, l'eczéma des façades est partout. Il semble même qu'elles ne tiennent debout que par la colle des affiches de la campagne électorale en cours, de ces milliers d'affiches apposées sur les murs. Que les immeubles ne se soutiennent les uns les autres que par la force des slogans et des promesses tendus de fenêtre à fenêtre sur les banderoles et les drapeaux. Les femmes en ont du mal à retrouver leur lessive qui sèche dans cette kermesse de couleurs.

La campagne pour les municipales bat son plein. Pour chaque parti, des camionnettes recouvertes des photos du leader, de celles du candidat local, sillonnent les rues en réveillant les chiens. Des sonos nasillardes traînent ainsi dans les villes des musiques populaires entrecoupées de discours, de morceaux choisis du programme que chacun imagine le meilleur. Les vieux et les moins vieux n'en sirotent pas moins ces petits verres de thé qu'ils m'offrent dix fois par jour, chaque fois que je demande mon chemin.

Du port de Mudanya jusqu'à Bursa, qui fut la première capitale de l'Empire ottoman, je marcherai au gré du vent. A perte de collines, des oliviers et des figuiers. Les hommes taillent. Les femmes ramassent les branches et les brûlent. Sur la route, d'autres hommes juchés sur leur siège de tracteur conduisent d'autres femmes, de pied en cap voilées de noir et de poussière, par groupe de trois ou quatre, dans des remorques qui brinquebalent.

Günay marchera un moment avec moi. Il m'avait renseigné à la sortie de Mudanya, puis rattrapé en tracteur. Je grimperai dans la remorque, façon de me détendre un peu les pieds, mais aussi de bouffer avec lui la poussière, la lumière et les gaz du moteur. A la patte-d'oie, tout le monde descend. Il me parle, il me parle, en marchant, tout en turc. A grand renfort de gestes, il m'explique les arbres, pourquoi ils ont abandonné la culture de la vigne au profit de l'olive, financièrement plus juteuse. De vieux ceps sans sarment noircissent au pied de très jeunes oliviers. Rangées d'arbres peignées sur le cuir des collines. Un paysage humain dans lequel nous marchons tous les deux, très paisibles.

A la bordure d'un champ, nous viendrons à croiser Ahmet Başaran de Bursa Mudanya qui me demande d'aller saluer de sa part Mehmet Yener dix kilomètres plus loin dans le village de Dereköy. Günay me lâche. A l'ombre d'un olivier, il s'affale, pour attendre le passage d'un tracteur :

"*Güle güle !*

— Au revoir !"

Nos vies pour un instant ont échangé leurs sourires. A la sortie de Dereköy, tout à coup ça me revient. Merde ! J'ai oublié de saluer Mehmet Yener de la part d'Ahmet Başaran de Bursa Mudanya. Quel ingrat ! On ne peut pas me faire confiance. Pourtant, tout le monde m'accueille, me serre la main, m'offre le thé.

Dans les villages construits en terre battue, les murs n'en peuvent plus de soutenir le ciel, ils craquellent, se fissurent, s'abandonnent à renaître quelques mètres plus loin dans le béton de maisons plus récentes et pour autant pas moins précaires. La volaille gratte la poussière dans les cours. A genoux près de larges bassines des femmes lavent le linge. Elles se cachent le visage quand mes yeux se dirigent vers elles. Je les regarde, elles me regardent, une partie de cache-cache entre nous se joue par des mouvements de tête furtifs. La même curiosité des deux côtés du chemin.

Ah ! Voilà l'endroit idéal pour poser mon pique-nique. Un ruisselet descend de la colline parmi des touffes d'herbes fraîches. J'y vois déjà mes pieds frétiller d'aise et, à présent qu'ils trempent, je m'occupe de sortir mes agapes et d'en faire l'inventaire.

Une miche de pain, une motte de beurre, un radis de la taille d'un navet de chez nous, une carotte, un concombre, deux œufs durs. Bien du bonheur en perspective. Je commence l'épluchure du radis et m'applique à ne faire qu'un ruban de sa peau rose fuchsia, quand, soudain, une voiture s'arrête. Tiens donc, de la visite ? Le conducteur, un jeune homme, a reçu un appel, il préfère prudemment se garer pour parler à son aise. A son côté, un homme plus âgé, de l'âge peut-être de son père, et derrière un autre garçon, un ami ou son frère. Le plus vieux baisse la vitre et d'un geste interrogatif me demande ce que je peux bien faire, là, à cette heure, sous leur ciel.

Puis, tous trois descendront de la voiture et viendront à ma rencontre pour me saluer d'une manière que je n'oublierai jamais. Celui que j'appelle le chauffeur me serre d'abord la main puis me prend dans ses bras et m'embrasse avec tant de chaleur que mon cœur vibre encore. Je suis là, sous leur ciel, les deux pieds dans leur frais ruisselet, mon pique-nique dans l'herbe au soleil, et trois hommes m'embrassent comme s'ils me remerciaient d'un immense service. Qu'ai-je donc fait, si ce n'est poser mes pieds nus sur leur terre ?

J'éprouve de plus en plus de sympathie pour ce peuple d'obédience islamique, généreux comme nous autres on respire, ce peuple que je vais écouter en prière dans la mosquée d'Ulu de Bursa. Où le rituel des ablutions autour de la fontaine sous la coupole de verre centrale accroche la lumière du soir qui tombe sur les parties du corps que chacun prestement purifie. Pieds, chevilles et mollets, avant-bras, mains, poignets, visage, nuque, pavillons et oreilles. Quelques retardataires glissent à pas rapides et feutrés sur les tapis en tenant leurs chaussures d'une main, leur sacoche de l'autre, et enlèvent du mieux qu'ils le peuvent leurs chaussettes, en jetant des coups d'œil sur l'office pour lequel ils se pressent. Derrière les croisillons de hauts moucharabiehs, des femmes prient, reléguées dans un angle à l'écart. Dans la lumière dorée des lustres, un petit vieux souffrant d'arthrite à chaque prosternation est en retard sur la synchro du groupe.

Une mosquée à vingt coupoles, une merveille, couverte d'ocre et d'or sur les piliers et les murs de laquelle sourates du Coran et signatures de sultans sont écrites en de noires et sublimes calligraphies anciennes, au-dessus de la tête des fidèles qui se lèvent puis s'abaissent en réponse à l'imam. Cette écriture superbe, abandonnée, reniée par Atatürk en 1923, pour se tourner vers l'Occident, résolument. Cette écriture dont se servent toujours, et cela heureusement, plusieurs millions d'Arabes, mais également une poignée d'extrémistes, dans des messages calligraphiés, pour menacer certains du pire cauchemar qu'ils n'ont jamais connu, en représailles à l'adoption d'une récente loi interdisant le port du voile dans leurs établissements scolaires.

Nous y voilà, “chemins d'Oxor” !

Comment trouver de la mesure dans le respect des différences ? En une journée de marche, au sein du même pays, j'ai vu autant de femmes voilées que de pin-up en jeans, et, au sortir des routes défoncées de la campagne, j'ai mis mes pieds sur des escalators tout neufs pour prendre le métro d'une ville moderne, plantureuse et heureuse de vivre au milieu de ses contrastes. Contre voiles et marées, les Turcs semblent y parvenir, pourquoi nous ne pourrions point y parvenir de même ?

Que la douceur issue du maniement de leurs calames donne à ces fous de Dieu l'élargissement de l'âme, *idem*, côté rigueur des alphabets turcs et latins. Que se trace en reflet des deux esprits qui les pratiquent un seul et même dialogue en réponse au divers, ou sinon, à quoi bon ces prières ?

“ORIENTAL HOSPITALITY, YOU KNOW MY FRIEND ?”

Passage en Syrie, début avril

De la lumineuse baie d’Izmir jusqu’à Tripoli dans le Nord du Liban, mille six cent dix-neuf kilomètres non-stop. Trois journées de voiture. Avec ce sentiment d’être allé au bout de la moitié d’Oxor. Turquie, charnière de nos cultures entre l’Orient et l’Occident, traversée de part en part comme un songe d’asphalte trop immense. Chaque soir, nos yeux se ferment pour vider en quelques lieux, dont eux seuls connaissent la mémoire, les milliers de paysages aperçus. Là-bas, à l’est, avant que la boussole de nos chemins ne se mette à nous montrer le sud, là-bas, dans le virage que la terre s’aménage autour d’Akdeniz, l’autoroute fidèle à la courbe forme, ainsi, une belle parenthèse.

Après les hauts plateaux qui séparent Denizli d’Antalya, où nous vîmes sous la pluie l’océan d’oliviers de la côte égéenne laisser place aux orangeraies brisées par des vagues d'amandiers tout en fleur, comme une brume de mauve au chevet des névés, les derniers accrochés aux montagnes, après ces longs plateaux perchés dans les hauteurs, au-delà de la terre, ce ne fut que du bleu. Une légende tenace nous raconte que là-bas, tout en face, il y a un pays qui s'appelle l'Egypte.

L'orage, dans la nuit que nous passâmes dans un mauvais hôtel de bord de route, pour avoir refusé l'une de ces multiples usines à touristes dans lesquelles les agences de voyages déversent leurs troupeaux, l'orage avait vidé le ciel. Et, loin d'être rincés, le sol, les arbres, trottoirs et voitures étaient couverts d'une fine poussière rouge. Venue de quel désert ?

Gazipaşa nous recrachait sur la route, le dos cassé d'avoir lutté toute une nuit contre une armée de ressorts victorieux. Et le bleu, fut…

Huit heures, la route est encombrée de trucks, de camionnettes, motocyclettes et tous moyens de transports pour la main-d'œuvre agricole regagnant dans les serres son travail de cueillette. Tomates, fraises ou bananes. A trois parfois sur la même mobylette, chemise au vent, tenant à bout de bras dans un sac en plastique leur modeste repas, ils avancent en laissant derrière eux les gaz bleus de leur pot d'échappement. Et des collines environnantes glissent en silence des écoliers de classes primaires, tous habillés d'une blouse bleue fermée par un petit col arrondi blanc. Tissu d'un bleu d'Oxor, du même bleu que les volets de Grèce, des coques et bâches de bateaux dans le port de Marseille ou du passeport que je remets à chaque spectateur en geste de bienvenue à la lecture.

Sur un chemin de terre, un enfant court, comme un point bleu, pour rattraper ses camarades en file indienne sur le bord de la route. Un tout petit se frotte les yeux, nous aperçoit dans la voiture et d'un mouvement timide de la main nous souhaite le bonjour. Lui et les autres échapperont-ils, grâce à l'école, au dur labeur auquel s'esquintent leurs aînés ? A quatorze heures, sous un soleil d'avril, une grosse chaleur déjà se manifeste. Une femme en sueur, en bas de pente, s'assoit à la limite du goudron et, fatiguée, pose sa charge de tomates qu'un camion emportera plus tard vers la ville. D'autres femmes, à pas très lents, remontent une à une les terrasses.

Du haut des lacets que la route nous réserve tout au long de la côte, dès qu'une vallée parvient jusqu'à la mer, la terre est blanche de serres de plastique ou de verre, un miroitement sans fin jusqu'aux premières caillasses. Partout de la tomate, de la fraise, des bananes, à toucher de tout près le royaume des pinèdes qui se jette à falaises perdues dans la mer. Et là, c'est le bleu qui l'emporte. Du bleu au bout des champs, entre les troncs des arbres, entre les branches et au-dessus des mimosas en fleur, du bleu sous le peu de nuages et du bleu sous le ciel. Partout, du bleu dans ma mémoire. Un bleu de lapis-lazuli aux nuances laiteuses au contact des galets de calcaire que les vagues dissolvent. Mais aussi de turquoise. Ineffable illusion d'un liquide asservi aux humeurs souveraines du ciel. Et ce jusqu'à quitter la côte à l'approche de la frontière turco-syrienne, après des heures et des heures de conduite alternée entre Corinne et moi-même.

Tom à l'arrière, à longueur de journées, grignote ces graines dans lesquelles il n'y a rien à manger, si ce n'est le sel dont elles sont enveloppées. Façon de voir passer le temps plus vite, il nous demande qu'on lui raconte nos souvenirs d'enfance, nos évasions d'adolescence, nos catastrophes d'adulte, toutes nos bêtises de préférence et nos erreurs commises comme il se doit quand on essaie de vivre. Ses deux parents racontent ainsi leur vie, se révèlent des passages camouflés jusqu'alors. Une avalanche d'instants vécus, transformés par le temps, trafiqués par les mots, par l'envie que l'on a de tout dire ou seulement à moitié, dans le changement continu des vitesses. Seconde, troisième. Seconde, troisième, parfois la quatrième mais rarement la cinquième. La route est collée à la roche, elle sinue, elle s'incurve, elle descend, elle remonte, la résine des pins nous enivre. Les camions peinent, nous asphyxient du nuage noir de leurs échappements et puis la plaine à l'infini va s'ouvrir, accompagnée des villes et du ruban des autoroutes.

Deux jours auparavant, nos paroles avalées par le bruit du café linguistique d'Izmir, je me souviens d'avoir croisé les doigts à l'adresse de Güzine, afin que la Turquie rejoigne un jour l'Europe.

Le mouvement est sensuel de passer d'un pays à un autre comme on le fait actuellement en Europe sans rupture ni aucune tracasserie de frontière. Politique étonnante quand on sait qu'au-delà des barrières de la langue, des cultures, habitudes et mœurs, qu'au-delà de leurs dieux qui divergent, les hommes aiment à bâtir entre eux des murs, de préférence infranchissables. Pour certains, la pratique du racket, de trafics en tout genre au passage des frontières est tellement intégrée en eux-mêmes qu'il leur semble impossible de vivre sans pouvoir se réjouir chaque jour d'humilier, d'abaisser, de violer la dignité de leurs semblables. Bien que munis de nos visas en règle après moult dollars laissés aux consulats des pays concernés dans la ville d'Istanbul, le passage de la frontière turco-syrienne, puis celui de la frontière syro-libanaise resteront pour nous des épreuves. Et à chacune son décorum, et à chacune ses personnages, il faut croire que les hommes ont un goût prononcé pour le drame.

La route étroite du col était bordée de longues files de camions stationnés à l'arrêt sur le bord de la chaussée. Tous, un seul et même chargement. Un mobile home long d'une quinzaine de mètres. Tous, à destination de l'Irak où s'incrustent actuellement des milliers de GI. Des dizaines de mobile homes, là, sous nos yeux, comme un long pointillé séparant les deux mondes. Il nous fallait minimum, côté ouest, un crépuscule bien rougeoyant, côté est, se levant de derrière les montagnes, une lune presque pleine, des miradors à contre-jour, des palissades et des chicanes étrécissant le passage des voitures au compte-gouttes. La nuit tombait sur des cailloux couverts de chevaux de frise et sur tout cela la douceur du printemps. La barrière de fer pouvait alors coulisser derrière nous, la scène et les répliques qui suivirent ont duré plus d'une heure.

Peu de monde pourtant à cette heure finissante du jour, mais dans chaque silhouette se glissant de barrière en barrière, à chaque poste de contrôle, une tension détestable, due aussi certainement à cette feinte nonchalance qu'en grands acteurs nous jouent les fonctionnaires omnipotents des douanes. Par petits groupes de deux ou trois, des frontaliers revenant d'une journée de misère en Syrie retournent à pied chez eux. A ceux-là, insultes et crachats ne sont point épargnés, n'ayant pas le statut de touristes qui nous est attribué. Sans prévenir, deux ados s'en détachent. Comme des flèches, ils détalent à couvert des arbustes du parking. Une Mercedes démarre en trombe et zigzague à leurs trousses, nous ne connaîtrons jamais la fin de l'histoire.

Tout le monde sait que nous sommes là, et qu'avec nous il y a du fric à faire. A tout seigneur tout honneur. Supposé grand porteur de devises, on me reçoit dans un vilain salon de caserne. Entre en scène le petit chef de la douane, la ceinture pleine de graisse. Militaire corrompu à la solde d'un seul dieu : le dollar.

"My friend", par-ci, *"my friend"*, par-là. Il me donne du *"Chirac very good !"* en levant le pouce en l'air.

"*Sit down my friend ! Cigarette ? Coffee ?*

— Non, *thank you*, je ne fume pas ! Non *thank you*, je ne bois pas de café."

Tout sourire, la main droite sur le cœur, je décline une à une ses guignolades. Il me tarde de le voir baisser son masque. Après avoir causé tranquille au va-et-vient qui passe, laissé fuir les aiguilles un quart d'heure, il semble reprendre conscience de ma présence à l'intérieur de son champ visuel et, griffonnant trois lignes au dos de son paquet de cigarettes, il m'annonce :

"Assurances, one hundred. Diesel, twenty nine. And diverses taxes, fifty two. Cent soixante et onze dollars *my friend !"*

Visiblement ravi de son calcul, il me tend l'addition pour attester l'honnêteté du détail.

"Pas de problèmes, je lui réponds, mais désolé je n'ai pas de cash (ce qui était malheureusement vrai), vous acceptez la Carte bleue ?"

La nuit dehors s'est installée, la lumière sale enfumée du salon accentue l'odeur de literie fade environnante qui le dispute à la vadrouille humide que passe sans conviction un homme dans le couloir. Sous les portraits poupons du président Bachar, fils de son émacié père Hafez al-Assad, on va me balader de bureau en bureau, en m'expliquant à grand renfort de petites vertus que l'administration syrienne n'est pas encore assez moderne pour disposer du paiement par carte de crédit. Dégoulinant d'onctuosité, je me désole de ce retard technologique pour un système de corruption par ailleurs si performant. Et le bal des dupes va durer, durer…

De palabres en palabres, je finis par leur montrer le peu de monnaie turque qu'il me reste, cinq millions. J'ai oublié le change, mais autant dire rien. J'appelle Corinne à ma rescousse, elle enrichit mon compte de soixante millions. La bienveillance des fonctionnaires qui m'entourent, à quatre ou cinq maintenant, grandit d'autant, mais insuffisamment. *"Sorry, my friend ! Sorry !"* Je comprends d'un seul coup que la frontière restera fermée ce soir pour cause de bakchichs insuffisants et, résigné à rebrousser chemin vers la Turquie, je réfléchis déjà à notre passage au Liban par bateau *via* Chypre. A l'heure qu'il est, le désespoir.

La fatigue de la route, ses beautés, la douceur délicieuse du soir, mais aussi mon penchant à vouloir observer les limites humaines me remplissent les prunelles de cet air de pauvre type qui désarme les plus roués des petits chefs de barrière. Mon calme et ma sérénité les désappointent. J'en joue bien sûr et j'en rajoute encore en m'inclinant obséquieusement, la main ouverte sur le cœur : *"I understand, we are not welcome in your country… I understand, no problem !"* De conclure du seul mot que je connaisse en arabe *"Choukrane !"*. Ce qui veut dire : "Merci !"

Je range consciencieusement la petite monnaie qu'ils refusent dans ma poche et leur tourne définitivement les talons. Je rappelle Tom, appliqué à faire des glissades dans l'immense couloir de la douane et tout le monde remonte dans la voiture dans un épais silence. Tout ça pour rien. Je tourne la clé de contact. J'allume les phares. Je lance le moteur. Abasourdis, Corinne et moi n'avons toujours pas échangé un seul mot. En pleine marche arrière pour sortir de ma place de parking, à peine ai-je passé la première pour quitter ce théâtre de fortune que l'officier nous court après, la bedaine haletante, il lève le bras dans la nuit et nous crie : *"It's OK my friend ! Welcome in Syria !..."*

Demi-tour, frein à main, les portières verrouillées on remonte les trois marches qui nous mènent à nouveau au guichet, et là enfin les tampons pleuvent sur nos passeports. Le petit chef, toujours lui, m'arrache des mains les soixante-cinq millions de livres turques que je n'avais pas fini de ressortir de mon porte-monnaie. A présent, plus rien ne va assez vite à son goût ! Il a le culot de sortir deux billets de sa poche, le culot de les brandir au visage de ses trois subalternes qui, la mine affligée, hochent tous trois du bonnet, l'air de bien signifier, "Regardez la générosité de notre supérieur qui donne de ses propres deniers pour payer votre passage en Syrie". Ce dernier a le culot d'ajouter : *"Oriental hospitality, you know my friend, oriental hospitality !..."*

Il arrosera ainsi ostensiblement sous nos yeux tous les postes de la douane, jusqu'au préposé au coulissement de la barrière qui grince en douceur sur son rail encombré de caillasses (chaque poste réclamant bien sûr sa compétence et sa technicité !), sachant que chaque billet retournera aussitôt dans sa poche dès que nous aurons les roues tournées et dès que nous aurons pénétré la nuit noire de la plaine syrienne qui descend vers Alep.

"Oriental hospitality, you know my friend, oriental hospitality !..."

DANS LE LIVRE DES HOMMES

Beyrouth, avril

“Ça fait longtemps que vous êtes au Liban ?”

“C’est la première fois que vous venez au Liban ?”

“Vous aimez le Liban ?”

Le roulement continu des questions nous empêche d’y répondre. Ou bien alors en différé, bien après que la petite dame a emporté sa voix plus loin dans le couloir qui mène à la cuisine, sur la terrasse, ou dans le quatrième salon d’hiver un étage en dessous de la salle où l’on dîne.

“Ça fait longtemps que vous êtes au Liban ?”

Dans cette maison traditionnelle de Hasbaya dans le Sud du pays, la petite dame me semble un tanagra échappé de sa vitrine ou du napperon sur lequel d’ordinaire il se tient immobile et sagement silencieux.

“Et vous aimez le Liban ?”

Nous sommes ici dans la magie des demeures orientales et le rêve est possible à qui veut qu'il advienne. Malheureusement, la pauvre femme est Alzheimer et la maison est immense pour cette vieille dame perdue très loin dans les fins fonds de sa tête.

"C'est la première fois que vous venez au Liban ?"

Il lui reste si peu de corps à mettre dans ses jolis vêtements. Une robe mauve fané. Une écharpe de gaze légère, d'un blanc immaculé, flotte autour de son visage adorable. Un visage de pomme flétrie, rehaussé d'un rose à lèvres de coquette encore vive. Elle est druze. Ses yeux sont doux et pétillants de gentillesse. Bien qu'égarés nous-mêmes dans la fatigue, le tourbillon des jours et des rencontres, à chacune de ses questions en boucle, nous répondons avec fraîcheur et bienveillance. Tom l'a compris, auquel elle demande sans cesse : "Il a quel âge le bébé ?" En enchaînant sans lui permettre de répondre : "Il est beau..." Sa main de caresser ses cheveux avec tendresse. Tom est hilare de nous voir si peu sûrs de nous-mêmes. Nous frisons le fou rire quand, voulant s'asseoir entre moi-même et sa mère sur le canapé du deuxième salon d'hiver, un fracas de ressorts s'effondre sous ses fesses.

Quinze jours que nous sommes au Liban, sur les trois semaines que durera le programme de lectures concocté, du nord au sud du pays, par l'entremise conjointe du bureau du livre du centre culturel français de Beyrouth et du ministère de la Culture libanais. Quinze villes étapes pour vingt-cinq rencontres toutes aussi enthousiasmantes les unes que les autres.

J'aimerais ne jamais oublier…

Ma promesse d'appeler Corinne à dix-neuf heures quoi qu'il advînt ce jour-là, afin qu'elle ne s'inquiétât pas de savoir où j'en étais de mon avancée entre Jounieh et Mtein. La chaleur, jointe au dénivelé de mille mètres entre la mer et les hauteurs par lesquelles mon chemin sinuait, réduisit, vers les six heures du soir, mes envolées musculaires à de tristes bavures d'escargot. Crevé, j'étais crevé ! Alors qu'il me restait un certain nombre de kilomètres à faire après les trente-cinq déjà parcourus, j'appelai Corinne d'une station-service de Hemlaya et décidai d'attendre là, dans la fraîcheur du jour tombant. Spontanément, le garagiste, après m'avoir permis de téléphoner, me prépara un thé sans sucre revigorant. “Ils en ont bien pour une demi-heure avant d'être là ! Installe-toi…”

Nos verres posés sur le tabouret en plastique autour duquel nous nous étions assis, nous commençâmes à deviser sur les voyages, le Liban. Vaste programme dans le discours désenchanté d'un homme pourtant très jeune, ingénieur en mécanique automobile ayant passé nombre d'années en Arabie, en Algérie. Discours désabusé de celui qui ne croit plus en son pays. "Chez nous, c'est pour te dire, tu vas dans un garage pour changer une bougie à ta voiture, on te change le moteur !" et qui croit encore moins en la nature de ses dirigeants, "Le Liban n'est pas une colonie syrienne, le Liban est une colonie de la Banque internationale !".

Son jogging est maculé de graisse et de cambouis. Dans son réduit traînent des reliefs de repas froids près d'un matelas immonde. Partout, se lisent la lassitude et le laisser-aller. La terrible formule "A quoi bon ?" semble être la devise de l'homme et des lieux. Mafouz, "le protégé" en arabe, préfère parler de livres dans lesquels il se réfugie volontiers. "Si tu veux comprendre la culture libanaise en profondeur, me dit-il, il faut que tu lises Maroun Abboud", puis disparaît, pour revenir avec le journal de l'avant-veille en main : "Tu sais qu'ils ont retrouvé les débris de l'avion de Saint-Exupéry ?

— Non ?"

Comme j'ignorais l'info, il se fait un plaisir de me lire à voix haute tout l'article en arabe, suivi d'une traduction synthétique en français. Dans laquelle il injecte ses propres supputations d'espionnage, raisons de guerre pour lesquelles Antoine de Saint-Exupéry aurait été abattu par les Fritz en plein ciel au-dessus de la mer. Un roman d'aventures ! Eclairé des souvenirs que chacun offre à l'autre des dialogues du renard quand il parle au Petit Prince.

Son frère Naji, joueur de tuba, pendant ce temps, nous a rejoints. La conversation bifurque vers sa difficulté à trouver des partitions pour cet instrument assez rare au Liban. Je lui demande son adresse électronique afin que mon ami Gaston en France, grand musicien et professeur, puisse lui envoyer des références de sites où se procurer ces documents. Quelques minutes encore de ce salon musico-littéraire près des pompes à essence de Hemlaya et j'avais droit, j'en suis sûr, au concert de tuba pour moi seul dans l'écho lumineux des villages. Mais Corinne arrivera, conduite par Mazel notre guide ce soir-là. Maintenant notre ami.

Comme il nous semblait plus aisé de lui laisser le volant, nous nous en remîmes à sa conduite libanaise sur ces routes de montagne quelque peu dangereuses. Toute la ville de Mtein semblait être au courant : "Mazel a acheté une voiture !" Avant que nous arrivions, son père, le patriarche, assis au seuil de son épicerie (elle ne ferme jamais avant minuit), avait déjà reçu, nous dit-il, les félicitations de plusieurs de ses voisins pour la *très* belle nouvelle voiture de son fils. Sur le parking, les connaisseurs tournaient autour, de loin d'abord, et n'osèrent s'approcher de plus près que lorsque nous fûmes attablés en famille autour du délicieux repas que Madanié, la maman, attendait patiemment de nous servir.

Cette figure magnifique de la mère, qui, toute jeune se maria à un homme de quinze ans son aîné. Six enfants, trois garçons et trois filles. Najwa, comédienne à Damas en Syrie, Salim, professeur de langue anglaise près de Saïda, Imad, avocat homme d'affaires en Allemagne, Monzer, dont personne ne sait rien en Ukraine, Maha, mon hôtesse littéraire et Mazel, le seul, à ne pas avoir trouvé sa voie ni l'âme sœur dont il parle comme d'un rêve. Mazel couve sa mère des yeux. Assis côte à côte sur l'un des canapés du salon, je les surprends, tout en parlant, à se presser très tendrement du bout des doigts les avant-bras, les poignets et les mains. Douce image au revers de laquelle on devine camouflées les souffrances mal soignées de la guerre. Des déplacements forcés, voire des horreurs que chacun s'efforce de ne pas afficher par pudeur en présence étrangère. Nous sommes ici au cœur de la communauté druze, et bien que de comportement laïque nous sentons chez nos hôtes cette douce influence spirituelle, presque aussi vaporeuse que le voile blanc que les femmes dans la rue laissent flotter, nonchalamment, sur leur visage et leurs épaules de madone.

Pardonnez-moi, mesdames, de vous trouver très belles et d'aimer également la noblesse de port de vos hommes. Chemise noire boutonnée col Mao sous la pomme d'Adam, les poignets pareillement. Le saroual noir serré sur les hanches, bouffant aux fesses et descendant à l'entrejambe dans une cascade savante et verticale de plis parfaitement repassés. Jusqu'au bonnet de cotonnade immaculée au sommet de vos crânes, qui vous confère, messieurs, cette élégance ponctuée sous votre nez de superbes moustaches. Vous avez de l'allure ! Dans vos champs, quand, à la manière de vos ancêtres, courbés sur des socs vous aérez la terre entre les oliviers que l'on cultive ici en terrasse. Au seuil de vos boutiques dans les ruelles ombragées des villages. Sur vos tracteurs, dans vos 4x4 high-tech, vos voitures déglinguées, vos maisons des plus riches aux plus pauvres, toutes équipées d'antennes paraboliques pour des bouquets de six cents chaînes. Est-ce de vivre à ces hauteurs, sous la tutelle des pentes enneigées du mont Hermon qui vous insuffle un savoir-vivre inaccessible aux habitants des plaines ? Chadi Abou Malek, le pharmacien de Rachaya, me montrera le très beau livre de Paul-Jacques Callebaut *Les Mystérieux Druzes du Mont-Liban*.

Très sérieux dans son rôle de petit journaliste, un élève du collège des Apôtres de Jounieh me demande : “Vous reste-t-il du temps pour faire un peu de tourisme ?” Si le tourisme qu’évoque cet enfant consiste à visiter les quartiers soulignés *pittoresques* dans les guides, les musées *étoilés* qui existent et que j’aime, si cela se réduit à ne prendre en photo que les pierres des châteaux et des sites gentiment *étiquetés*, alors j’avoue ne pas être son homme. Je ne me souviens bien d’un pays que par les rencontres que j’y fais, que par ce que les gens veulent bien me dire de leurs façons de vivre, pleurer, rire, dormir et manger. Même si, partiaux dans leur vision du monde, leurs commentaires contradictoires d’un versant de vallée à un autre n’éclairent en rien mon désir de comprendre. Même si la complexité qui anime les êtres et les choses s’obscurcit d’émotions difficiles à traduire en paroles. Même si le dessin qui s’ébauche dans l’idée générale d’Oxor est de voir dans la mer qui la baigne une bouche qui souffre, incapable de dire…

La frontière qui sépare Israël d’un côté, que de l’autre on appelle Palestine occupée. Cette lumière pourtant belle en cette fin de journée, au-dessus du couloir de vingt mètres de large encadré de deux murs de très hauts barbelés. Ce couloir, cette saignée de terre ocre, sans une herbe, résolue semble-t-il, à rester pour des siècles infertile. Ce reptile qui m'étouffe, qui rampe et court entre chênes et buissons, entre juifs et Arabes séparés par la haine sous les mêmes oliviers.

La nuit tombe sur le village frontière de Kafarkila, nommé aussi la porte de Fatima. Nos hôtes de Nabathieh tenaient absolument à nous conduire ici. Dans cette zone sous haute surveillance militaire à laquelle notre voiture ne pouvait accéder. Ils nous prennent à témoin de l'histoire toute récente du retrait d'Israël. Dix-huit années d'occupation de sinistre mémoire. Et du haut du château de Beaufort qui n'est plus qu'un amas de cailloux écroulé par les bombes, je suis muet, envahi d'un profond désespoir face à ces immensités d'une beauté somptueuse dont les sols sont ruinés par les mines. De mon rêve initial à marcher dans les livres à voix haute, il me reste le choix d'avancer en silence dans le fond de leur voiture.

A l'entrée des villages, sur les bords de la route, partout, de grands panneaux. Effigies polychromes à la gloire des martyrs d'une lettre signées. Première lettre d'Allah, cette lettre d'aleph, première lettre également de l'alphabet hébraïque. Calligramme guerrier d'une main dessinée à bout de lettre et de bras brandissant le fusil-mitrailleur d'un langage à bout de souffle, qui me donne sinon l'occasion de pleurer, du moins l'occasion de dire non. Il n'y a pas que la violence comme réponse au malheur d'une seule terre pour deux peuples. Il y a la nuance. Il y a le dialogue.

Panique, la veille au soir de ma lecture au centre culturel privé de Kamel Yousef Jaber de Nabathieh, en découvrant pas moins de quatre cents chaises sur vingt rangées de profondeur, toutes chaises en plastique disposées sur un sol de carrelage dans une salle gigantesque résonnant à chaque bruit comme le ferait une caverne. Qu'attend-on de mes lectures ? Du rendement ? De l'abattage ? Un semis de culture extensive dans des têtes d'enfants déjà *béni-oui-oui ce que dit le monsieur est très juste* ? Que veut-on qu'elles deviennent, au Liban ou ailleurs ? Une super-promotion de ma langue maternelle ? La question m'est posée tous les jours.

Laissez-moi me bercer de fantasmes. Provoquer des humeurs, cérumen et salive. Provoquer de l'échange. Provoquer du dialogue. Qu'on se parle. Qu'on s'écoute ! Qu'on entende, en arabe, Lamartine et *Le Lac* par la voix d'une jeune femme dans une fac de Beyrouth. *La grenouille qui avait une grande bouche* sous les yeux affolés de sa prof doctoresse ès bidule vaccinée au Lagarde et Michard. La bougresse me désire dans *Fragments d'un discours amoureux* de Roland Barthes, qu'elle juge bon d'imposer à ses jeunes vestales. Que m'importe ! Je fais feu de tout bois :

> Le mot (la phrase-mot) je-t-aime n'a de sens qu'au moment où je le prononce (...)

> je-t-aime ne relève ni de la linguistique ni de la sémiologie. Son instance (ce à partir de quoi on peut le parler) serait plutôt la Musique. A l'instar de ce qui se passe avec le chant, dans la profération de je-t-aime, le désir n'est ni refoulé (...) ni reconnu (...) mais simplement : joui. La jouissance ne se dit pas ; mais elle parle et elle dit : je-t-aime.

Le savent-elles toutes ces jeunes demoiselles enamourées de grands auteurs et de belle langue ce qui les attend vraiment dans les collèges et les lycées où elles seront bientôt lâchées pour enseigner prétendument le français ? C'est la question que je leur pose tentant vainement de provoquer l'électrochoc. "Puisque l'on pense à partir des mots dont on dispose, dit Alberto Manguel, que ceci nous autorise à inventer afin que notre pensée avance." Sans s'écarter de ceux qui en sont incapables. Appliquons-nous par exemple à réfléchir comment transmettre les rudiments de la parole auprès de ceux qui portent des armes. Un jour peut-être fourbiront-ils d'autres syntagmes ? Halte aux pratiques de l'onanisme entre gens initiés.

Je négocie, je soupèse, j'argumente, je palabre. De quatre cents spectateurs en une seule séance, je parviens à ce que l'on envisage deux séances à deux cents. Et j'explique mon besoin d'adresser dans les yeux de chacun mes lectures. Mon besoin de laisser à chacun le temps d'exprimer ses questions sur le métier que je fais, le voyage entrepris et bien d'autres mystères comme celui qu'une élève de six ans tente en vain de comprendre : "Est-ce que tu prends des médicaments pour réussir aussi bien les bruitages d'animaux ? Surtout celui de l'éléphant ?" Un peu d'intimité que diable pour prendre le temps de se poser les grandes questions du monde !

Pourquoi n'ai-je donc appris que bien plus tard que cette somptueuse vallée s'appelait vallée de Lamartine ? Ne jamais l'oublier. Les troupeaux pommelés de ses pins parasols envoyaient ce jour-là au ciel bleu des éclats de vert sombre, et mon guide ignorait la présence autrefois au couvert de ces bois du poète français, accablé de malheur par la mort de sa fille. Car Mazel était ivre de soleil et de marche.

Depuis Bzebdine, village dans lequel sa famille tout entière fut déplacée durant trois mois pendant la guerre, Mazel m'avoua ne plus connaître le chemin : "C'est comme toi maintenant, je me sens en voyage !" L'irrévérence au grand poète, en toute impunité, allait jaillir de notre joie. Lui, Mazel, tentant de m'apprendre des comptines en arabe, moi, répétant et chantant aux montagnes la musique écorchée de sa langue. Comme des dingues à danser le *dabké*. Seuls au monde, sur la route en lacets de la vallée de Nahr el-Matn, comme une tresse de sueur, enlacés, mettant tout notre cœur à taper de nos pieds sur le goudron qui fondait.

Dix-sept heures. Ils sont beaux les marcheurs ! Sous mon bob que j'emplis à ras bord au courant des ruisseaux, des torrents, des fontaines, robinets qu'on nous ouvre ou bouteilles qu'on nous offre, j'ai l'allure d'un boxeur coquelicot colorié. Mazel n'avance plus que les jambes écartées. Un début d'érythème lui a mis l'intérieur des cuisses en feu. Nous sommes potes, à la vie, à la mort. Au sortir du village de Chouit, dans le virage qui balance des bouffées de chèvrefeuille, Blandine de Baabda est venue nous cueillir en voiture. Nous sommes morts.

“Marc, tu devrais te réserver un peu d'énergie. Tu lis demain pour notre association TERRE du Liban ?

— Oui, bien sûr ! Quels auteurs au programme ?”

Incroyable voyage dans le livre des hommes. Sur la branche maîtresse d'un vieil avocatier, je m'assois. Et j'installe près de moi quelques textes qui brandissent leurs feuilles. Nous sommes réunis dans le jardin très arboré d'une bâtisse où se trouvent les locaux de mes hôtes. Au passage, je me goinfre de nèfles, elles sont mûres et juteuses. J'en tacherai une page du *Baron* d'Italo Calvino. Qu'il veuille bien m'excuser mais ce soir je préfère Giono. Face à trente personnes installées sous de frais orangers, je lirai le début du récit de *L'homme qui plantait des arbres.* J'enchaînerai par Erri de Luca :

> Un arbre a besoin de deux choses : de substance sous terre et de beauté extérieure (…) Le moteur qui pousse la lymphe vers le haut dans les arbres, c'est la beauté, car seule la beauté dans la nature s'oppose à la gravité…

Savent-ils, Blandine et Paul Abi Rached, son frère, qu'ils m'offrent là un grand cadeau ? Cette écoute entre deux parenthèses de carrefours encombrés, à deux pas de la ville de Beyrouth, à deux pas des horreurs qu'on peut lire à la une des journaux ou, cachées dans leurs pages intérieures, ces promesses faites à tout candidat à l'attentat suicide : "Soixante-douze vierges au paradis pour les célibataires, vingt-trois pour les hommes mariés." Tentons Ensemble de Réaliser un Rêve pour nos Enfants. TERRE du Liban, nous avons du travail…

Regardez qui arrive. O surprise ! Son Excellence l'ambassadeur des USA. De la terrasse de la villa du maire de Hammana, qui ne sait plus où donner de la tête, j'aperçois dans l'allée de ray-grass du jardin une kyrielle de balèzes gardes du corps, costards gris, lunettes noires, walkies-talkies, oreillettes qui grésillent, prêts à tout, si l'envie me prenait de me jeter servilement aux pieds de Son Excellence. Loin de moi cette folie. Vincent Battle, sexagénaire polyglotte, bourré de charme comme d'autres dans cette partie du monde le sont de dynamite, Vincent Battle rend visite aujourd'hui à la bibliothèque de Hammana. Il ne vient pas les mains vides. Il vient offrir en grande pompe plusieurs livres adéquats au développement intellectuel de la jeunesse libanaise. Des dictionnaires, des romans, des BD, des albums, sur la pile desquels on trouvera en bonne place une solide *Children's Encyclopedia of American History*. En couverture, une photo de Neil Armstrong engoncé dans son scaphandre – il nous fait de toute éternité son petit pas pour l'homme tellement géant pour son humanité qu'on se demande où son visage a bien pu disparaître. Parti ! Comme ça, dans le reflet de son bocal d'astronaute. Image désincarnée d'une réussite qui se voudrait universelle et que l'Amérique nous refile depuis presque un demi-siècle comme une pieuse icône. On a foulé la Lune, alors permettez que nos rangers vous écrasent les orteils.

Notre rencontre sur le canapé du maire est détonante. Je marche tout seul sur le plancher des vaches pour aller faire la lecture de pays en pays. Démarche individuelle, associative certes, sponsorisée peut-être, mais à une si petite échelle qu'il semble très surpris qu'elle réussisse ainsi. Dans le chassé-croisé des dialogues qui vont d'une bouche à l'autre, en anglais, en arabe, en français, mélangés aux *mezze* qu'on nous sert, les nains de jardins body-buildés ont le petit Tom à l'œil. Tout de même étrange que le môme du lecteur se fiche de leur ambassadeur en lisant sous son nez une BD : *Soixante gags Boule et Bill.* Y a pas mèche, ce gamin est une bombe !

Lui, qui voit des centaines de camions transportant du Liban vers l'Irak, en passant en Syrie par le poste frontière d'Aabboudieh, des tuyaux d'une taille de titan, des câbles, des planches de bois à peine sec des forêts dont elles viennent, toutes matières du commerce de ceux qui détruisent un pays sans scrupule afin de gagner au centuple la mise à sa reconstruction. Lui, qui voit tout cela, s'interroge :

"Tu crois que mes copains y voient ça aux infos ?

— Je ne pense pas.

— Mais alors ? C'est bien mieux que la télé !"

Oui, bonhomme, c'est bien mieux que la télé, ce grand livre qui feuillette l'horizon, car de l'autre côté…

BALLE AU CENTRE

Jérusalem, Naplouse, début mai

> Je tentai l'aventure, et il m'arriva ce qui arrive à quiconque marche sur l'objet de sa frayeur : le fantôme s'évanouit. Je fis le tour de la Méditerranée sans accidents graves…
>
> CHATEAUBRIAND, Préface à son récit *Itinéraire de Paris à Jérusalem.*

Dois-je vraiment y aller ? Ou bien… si j'y vais, dois-je le faire seul ? En famille ? Attendons de voir l'actualité. Demain, qui sait ? Peut-être que… Et de valse-hésiter ainsi depuis trois ans que je prépare ce voyage. Mais, *in fine*, j'y suis. Il fallait que j'y aille, car rien n'aurait davantage manqué à l'idée que je me fais de ces "chemins d'Oxor", si j'avais refusé d'honorer les lectures programmées sur cette terre divisée. M'y voici. Dans les bourrasques de vent chaud qui coulent sur la Ville sainte en provenance du désert de Judée.

Pierre de Jérusalem, pierre de taille blanche, pierre de construction entre toutes, qui donne aux édifices qu'ils soient publics, d'habitation ou de culte, station-service, hôtel de ville ou temple, cette assurance de franchir allégrement les siècles, pierre que j'effleure du bout des doigts, dis-moi où l'eau une fois tombée du ciel s'en va se recueillir pour ne point repartir aussitôt au désert ?

Jérusalem, Ville sainte des villes saintes. O que d'élans, de repentirs et de vils serments autour de tes amours hybrides ! A cette heure de l'histoire, le plus fort de tes deux soupirants ne sachant dessiner les contours du jardin dans lequel il devrait n'y avoir que des fruits, des légumes et des fleurs, incapable qu'il est de le faire, par stratégie d'annexion du peu qu'il reste au second, lui laissant les pelures, les épines et le soin de trimer dans les serres, à cueillir, ramasser, irriguer, désherber pour à peine une poignée de shekels, à cette heure, combien ce fou d'amour, pas forcément le plus furieux, te coûte-t-il de haine ?

Y a-t-il matière à s'inquiéter pour soi quand on voyage dans une ville prétendument aussi sainte ? Quand l'autobus qui vous dépasse à tout instant peut exploser, broyant comme ça, d'un coup de martyr aux yeux des uns, aux yeux des autres d'un acte affreux de terrorisme, broyant comme ça, une quarantaine de vies en représailles à celle du cheikh Yassine, ou du numéro deux Abdelaziz al-Rantissi labellisé Hamas, toutes deux assassinées sous l'expertise israélienne ? Y a-t-il vraiment matière ? Voilà une prise de position très claire dans son vocabulaire. Vous avez vu, il a écrit *assassinées* ! Cela ne fait aucun doute, s'il n'est pas propalestinien, il est au moins antisioniste, voire antisémite. D'une pierre trois coups.

Si s'indigner de voir des bulldozers couper toutes les routes d'accès aux villages de la Cisjordanie, de voir le cœur actif de la ville de Naplouse détruit, boutique après boutique, son alimentation en eau de source réduite à quelques pompes, tout autre puits bouché ou interdit, de voir une stèle parmi tant d'autres, à la mémoire d'une famille de neuf personnes écrasée au complet sous un char dans les murs de sa propre maison, d'apprendre que les gamins de l'école latine de Beit Sahour n'ont pu partir à Noël en France par l'aéroport Ben-Gourion de Tel-Aviv, de voir à chaque *checkpoint* des ouvriers, des femmes en courses, des vieux et des enfants en route vers le plus proche dispensaire, en longues files d'attente soumis sous le soleil au bon vouloir des militaires en place, si s'indigner de voir, d'entendre et d'apprendre tout cela, c'est être anti-israélien, alors *je* suis anti-israélien.

Pour le peu que j'ai vu, entendu ou appris et qu'ici je déforme.

Si s'indigner de voir ces *autres* fous de Dieu se tromper de cible, en se faisant exploser au milieu de civils innocents, faute de mieux, de dialogue, faute de tout, alors qu'il y a du personnel militaire fait pour cela (mais la guerre est-elle juste une affaire de fonctionnaires patentés ?), de voir toute une équipe de cinéma interrompue dans son travail et son réalisateur natif de la vallée menacé sur les lieux mêmes du tournage, par l'un des groupes armés de résistance n'agréant pas le contenu du scénario, comme par hasard le groupe armé juste un peu plus mafieux que les autres, d'apprendre que toutes les grosses fortunes s'en sont allées en Jordanie ou même ailleurs pour mieux grossir à l'aise, si s'indigner de voir, d'entendre et d'apprendre tout cela, c'est être anti-palestinien, alors *je* suis anti-palestinien.

Pour le peu que j'ai vu, entendu ou appris, et qu'ici je déforme.

Suffirait-il pour être quitte de renvoyer dos à dos ces ennemis de toujours ? Et pour se payer une bonne conscience, de crier : “Arrêtez vos conneries ! A bas la guerre et vive la paix !” ? Non, car les gens d'ici en veulent plus, exigent que vous preniez parti, non pas pour des idées que l'on pourrait défendre autour d'un verre ou bien d'un narghilé, mais pour clairement vous exposer. Etes-vous pour ou contre la cause qui nous anime ? Difficile de leur faire bonne figure.

Dans ma bibliothèque de voyage aujourd'hui envolée, j'avais un roman de Ghassan Kanafani, intitulé *Retour à Haïfa*. Je garde en mémoire cette terrible réplique : "Un être ne se détermine que par la cause à laquelle il adhère."

En 1948, alors que les Anglais, sous la pression des combats menés par les sionistes, lâchent tout de leur protectorat, les habitants palestiniens d'Haïfa quittent la ville en catastrophe. Ils le font par la mer vers laquelle ils sont poussés de force. Une jeune femme, inquiète pour son mari qu'elle ne voit pas revenir alors que les combats font rage, quitte imprudemment son appartement pour voir au bout de la rue ce qu'il en est. Elle est prise dans les flots torrentueux d'une foule qui fuit d'une seule eau vers le port. Elle s'apercevra, mais trop tard, qu'elle a laissé son jeune enfant de six mois, seul dans sa chambre. Elle ne le reverra que vingt années plus tard.

Une semaine après le drame. La porte de l'appartement s'ouvre à nouveau, mais cette fois-ci sur un jeune couple d'immigrants polonais rescapés de la Shoah. L'administrateur chargé de loger les derniers arrivants leur attribue le logement, à condition qu'ils adoptent le bébé qu'on y a trouvé déshydraté, certes, mais vivant.

Deux familles, deux parcours, brinquebalés par l'histoire. Vingt ans plus tard, à la faveur d'une ouverture du gouvernement israélien, les exilés peuvent revenir. Pour une visite seulement. C'est ce que vont faire les parents du garçon. Moins pour jeter un œil amer sur ce qui fut leur terre, leur village, leur maison, que pour revoir celui qu'ils appellent encore leur fils. La rencontre aura lieu, bouleversante à l'inverse de tout ce que l'on peut imaginer.

> Un être ne se détermine que par la cause à laquelle il adhère.

Venu ici faire la lecture, ne pourrais-je m'épargner ce débat ? Ma naïveté est désarmante… Car le bonheur a su passer à vingt-quatre heures de décalage, sur la petite ville de Bet Shemesh entre Jérusalem et Tel-Aviv, puis sur Naplouse, à peine cent kilomètres plus au nord. Deux instants de lecture quelque peu décalés dans le temps et l'espace.

Tout d'abord, chez un particulier qui s'occupe d'une association d'aide aux enfants et aux familles en perte de vitesse sociale. Il a passé un message électronique à la communauté francophone de la ville. Une trentaine de gamins âgés de six mois à quinze ans s'installent dans son salon cuisine. Accompagnés de leurs mamans toutes en tenue traditionnelle. Jugeant qu'une traduction en hébreu aiderait à la compréhension des moins francophones, je fais appel à la bonne volonté de l'une d'elles pour l'histoire de *Mon chou* de Bernard Friot.

Bien pratique cette histoire du petit Michat qui ne supporte pas que sa mère l'appelle "mon chou". Je l'introduis toujours d'une très courte enquête auprès de mes spectateurs, afin de savoir comment les parents des pays que je traverse surnomment ou appellent leurs enfants de manière affectueuse. Intéressant, par exemple, de constater que les familles ici usent très peu de nos anthropomorphismes (ma puce, mon biquet, mon lapin, poussin, canard et tout le bestiaire que l'on connaît) pour faire plus facilement appel à des organes de valeur tels que mon cœur, mes yeux, et le plus cher de tous, ma vie. Quand je confesse qu'il nous arrive à nous, en France, d'appeler nos enfants *mon chou*, vous voyez le légume ? Comment dit-on *mon chou* dans votre langue ? Les traductions fusent de toutes parts. Que cela nous arrive très souvent. Grand éclat de rire dans la salle. Ces Français, ce qu'ils sont drôles !

Dernière précision. L'auteur joue dans son texte avec les sonorités du nom de famille Michat et celles du légume *mon chou*. "Michat… mon chou. Mon chou…" Là, d'un geste de la main j'invite toute la salle à conclure et j'entends les enfants, leurs parents, qui me répondent d'un seul chœur : "… Michat." Dès lors que tout le monde a compris, j'invite mon complice interprète à me rejoindre. J'ouvre le livre sous ses yeux et je commence la lecture…

A ma droite, cette fois-ci, une maman. Toute mignonne, ses cheveux joliment enserrés dans un foulard couleur crème. Sa petite dans les bras. La gamine, pas plus de six mois, très vite ne sait plus où donner ni des yeux ni de la tête. Entre sa mère et moi-même. Le français et l'hébreu, qui lui donnent aux oreilles une jubilation manifeste. Qu'elle en rit d'un bout à l'autre de l'histoire.

Le lendemain, c'est plutôt la panique. A Naplouse, rares sont ceux qui pratiquent le français. Le matin, j'ai eu droit à une traduction redoutable, sans magie, sans ce petit je ne sais quoi qui propulse la lecture au meilleur de ce que souhaitent les auteurs. La prof m'a plombé le *Chou* de Bernard Friot d'une manière indigeste. La directrice du Centre culturel français s'inquiète pour la séance du soir. Celle-ci est supposée s'adresser aux étudiants et aux adultes, or elle voit mal mon répertoire d'albums les séduire, encore moins mon choix de nouvelles d'un niveau de langage trop élevé embarquer l'auditoire. Elle parvient nonobstant à débaucher Bilal, chef du département de français de l'université de Naplouse, qui grâce à sa virtuosité de traducteur déclenchera l'enthousiasme, sans compter sur ces cinq jeunes garçons qui jouaient au football dans la rue.

S'abandonnant à la fraîcheur du soir dans les bougainvillées, le public s'attardait mollement sous la tonnelle donnant accès au centre. Pour ma part, la sueur aux mains, je m'activais devant le photocopieur. Si je leur lis *L'Etranger* de Charles Baudelaire, tout au présent, sujet, verbe, complément, mon complice devrait suivre. Va pour Baudelaire ! Mais Lorca impossible, on ne peut pas le traduire sans avoir préparé. Bon, un album pour détendre l'atmosphère et après ? Même pas une toute petite anthologie de poésie bilingue dans cette bibliothèque…

Les quarante spectateurs s'installèrent, pas mal d'hommes pour une fois. Je remettai à chacun son passeport et la lecture du texte de Mohamed Choukri coulait d'une manière tout à fait ordinaire, lorsque Marianne, mon hôtesse, prit cette heureuse initiative de faire entrer les cinq jeunes footballeurs, dont le plus âgé, le ballon sous le bras, accroché à la grille de l'entrée, essayait de savoir ce qui se passait ici. Sans se faire prier, ils se joignirent à nous. Je les installai au premier rang, et, curieusement, le fait qu'ils ne comprissent pas un mot de français transfigura totalement la rencontre, décomplexant du coup toute l'assistance, chacun voulant prouver sa maîtrise du français en proposant *sa* traduction en arabe aux jeunes joueurs de football. Une ambiance magnifique ! Polyphonie réconfortante du français, de l'hébreu, mêlés la veille aux rires d'une enfant, celle aujourd'hui, de l'arabe, du français, pour ces petits footballeurs. Alors, pourquoi pas, le projet de le faire un jour en trois langues ? Balle au centre.

A la fin de mes séances c'est devenu un rituel. “Pour conclure, un poème, une nouvelle, ou… ?” Marianne n'en croit pas ses oreilles. Le public : “Un album ! Un album !”

Au regard de cela, l'aller-retour Beyrouth-Naplouse-Jérusalem en taxi collectif, *via* Damas et Amman en Syrie Jordanie, est de l'ordre du banal. Agréable pourtant, comme un vieux *road movie.* Longues bagnoles effilées, carrosseries jaune d'or. Des montagnes de cerises aux étals des marchands. Des vendeurs de légumes. Aubergines. Salades vertes. Des radis de la taille d'une balle de ping-pong, croquants, poivrés. Des tomates et du pain au sésame. Du soleil. L'étendue d'un relief déclinant vers le sud par des plaines qui passent de cultures irriguées, vertes, à des teintes plus sèches, dès qu'on touche au désert. Folle avoine juste avant la caillasse. La blancheur aveuglante qui s'annonce. Silhouettes du vent. Des bédouins. Devançant ou poussant leurs troupeaux vers des sources. Leurs campements loin des villes. Les billets et les pièces de monnaies que j'emmêle dans ma tête. Les shekels, les dinars et les livres. La musique du chauffeur qu'il adore écouter à plein volume. Toutes fenêtres ouvertes. Ma bouteille de plastique qui me sert de djembé. La fesse gauche de ma voisine libanaise qui écrase mon passeport.

Et le soir, vers neuf heures, je m'assois sur le parking d'une immense gare routière…

Les rideaux rouge grenat, cintrés, deux tiers un tiers de leur hauteur par des dragonnes aux vitres des véhicules (autocars ou minibus, selon les lignes et les distances), me donnent l'impression, quand les chauffeurs démarrent dans cette geste de gaz et ces bruits de klaxons, d'alvéoles ou de chambres aménagés sur des roues en petits aquariums éclairés et muets, où s'installent des hommes, des enfants et des femmes, pour deux cents ou cinq cents, voire deux mille kilomètres, leurs bagages amarrés sur le toit, en tenant à faire croire à celles et ceux qui restent, qu'aux carrefours des campagnes, toute la nuit, au milieu des déserts, ils vont jouer des saynètes en roulant sous le ciel, en silence, sans un mot, certes, mais au vu et au su des étoiles. Sur le bord de la route, vers neuf heures, je regarde les départs.

NOTRE ENLÈVEMENT D'EUROPE

Nicosie, fin mai

"Enfin papa, pourquoi tu te la compliques la vie ? Regarde la carte, tu suis la mer, la Libye c'est tout droit ! Après Gaza, c'est vrai que ça tourne un peu, mais sinon je te dis que c'est tout droit. En Egypte c'est génial, tu vas voir y aura plein de pyramides !

— Les pyramides, mon pauvre chéri, ce sera une prochaine fois. La voiture ne passe pas. Trop de trafic de véhicules volés, la frontière égyptienne est fermée. Toute voiture à l'immatriculation étrangère, refoulée. Circulez ! Qu'ils nous disent. Et par où ?"

Un moment, nous pensâmes à Beyrouth-Limassol, un port au sud de Chypre, par cargo pour la voiture, et Beyrouth-Larnaka, aéroport à l'est de l'île, par avion pour nous autres. Cela faillit d'un chouïa. Mais quand on sait que pour l'envoi d'une simple carte postale les Libanais demandent à son expéditeur de remplir une fiche détaillée avec noms et prénoms de la mère et du père, avec tout ce que l'on a comme bagages, lorsque la société de *shipping* a vu la liste, ils ont baissé les bras en annonçant un minimum de cinq jours de formalités. Tout le monde en voiture, on remonte vers le nord.

Liban, Syrie, Turquie. A rebours du projet initial. Beyrouth-Mersin, six cent trente bornes. Rebelote à la douane, les Syriens nous soulagent les fonds de poches. Puis, Mersin Taşucu, le lendemain, cent vingt bornes. Taşucu, petit port assurant la liaison par ferry jusqu'à Chypre. Une journée à la plage. Ciel bleu, mer tiède, un roman magnifique pour attendre le bateau. Personnage de légende, ce *Léon l'Africain* d'Amin Maalouf. Quelle balade ! Grenade, Tombouctou, Le Caire, Constantinople… Le Maghreb, l'Italie. Du coup, transporté dans l'espace et les âges, du calendrier de l'hégire à celui des chrétiens, de la fin du XVe début XVIe à nos jours, je confonds les lampes à huile et les néons, ma Carte bleue et les dinars en pièces d'or. Mais, comparant les caravanes de son époque, fortes de deux cents montures, chameaux et dromadaires portant hommes, vivres et cadeaux, à notre voiture trois places, une valise noire et quelques sacs, la confusion s'interrompt là. Léon, c'est toi le plus fort, notre périple, c'est de la gnognote.

Mais… dis-moi, toi qui connais les ambassades de l'esprit, que devrais-je dire à

Kadhafi si d'aventure je le rencontrais ? Tu sais qu'il adore les formules, écoute ça :

> L'ambassade de France en Grande Jamahiriya arabe libyenne populaire et socialiste présente ses compliments au Comité populaire général de liaison extérieure et de coopération internationale (organe du protocole général) et a l'honneur de lui demander de bien vouloir intervenir auprès du Bureau populaire arabe libyen à Paris afin de faciliter la délivrance d'un visa en faveur de Corinne, de moi-même, et du petit Tom.

N'y aurait-il que les formes qui changent au fil des temps qui nous séparent ?

> A la cour de Tombouctou, me dis-tu, le rituel est précis et somptueux. Quand un ambassadeur obtient une entrevue avec le maître de la ville, il doit s'agenouiller devant lui, la face frôlant le sol, ramasser de la main un peu de terre et s'en asperger la tête et les épaules…

Avant de savoir si tes conseils me seront utiles, faut-il encore y parvenir chez le colonel. Mon premier rendez-vous de lecture y est prévu le 8 juin. Le compte à rebours égrène les jours à une vitesse ! Et pour l'heure nous sommes toujours en Turquie. Or, ici, impossible de savoir si nous pouvons passer ou non de la partie de Chypre au nord, occupée depuis 1974 par la Turquie (partie non reconnue par la communauté internationale), au sud de l'île, du côté grec. Et ce ne sont pas les résultats du référendum du 24 avril dernier qui arrangent nos affaires. Les Chypriotes grecs viennent de refuser à une majorité écrasante la réunification de l'île aux Chypriotes turcs. La puissance militaire de la Turquie leur fait peur. Ne parlons pas de l'islam. De surcroît, depuis le 1er mai, ils ont obtenu, ce que les Turcs devront attendre encore de longues années, leur bon d'entrée dans l'Union européenne. Mon cher Léon, rien ne change dans le jeu des alliances, ni dans celui des clivages spirituels.

Donc, te disai-je, aucune info fiable ni de la part des Ottomans ni de la part des Hellènes. Nous passons des dizaines de coups de fil, partout, sauf là où il aurait fallu, à savoir, côté grec, au fameux Andréas, vieil ami de faculté d'une lointaine connaissance. Mais, le fameux Andréas, jamais on ne parviendra à le joindre de Turquie. Comme c'est étrange. Certains ne disent rien. D'autres : "Impossible… Peut-être… A vous de voir !" Nous tentons notre chance…

Un bateau est prévu à minuit. Il partira à quatre heures du matin ! Nous somnolons, un coup dans la voiture, un coup sous les étoiles (il fait très doux), un coup sous l'abreuvoir de la télé qui fonctionne sans arrêt dans le hall voyageurs. Les corps se sont jetés sur les sièges. Qui, la tête en arrière renversée par un rêve, qui, allongé sur des chaises, ramassé en fœtus une veste sur l'oreille, les chaussures enlevées, d'autres pas. Certains s'abandonnent au sommeil, à la nuit, au roulis, à la mer, aux chaudières des moteurs qui ronronnent. Quand le soleil se lève, je suis seul sur le pont.

L'invraisemblable démesure du voyage me surprend au milieu de la mer. L'insondable fascine, j'imagine un instant sauter par-dessus bord, juste pour voir ma vie, d'en bas, dans l'eau, filer là-haut ses dix-huit nœuds, tranquille, au sec. J'en souris. J'en frissonne. Déraisonnable errance au sortir d'une nuit sans sommeil. Cap au sud, sans histoire. Le ferry broute son gigantesque cahier des charges, en laissant derrière lui sur des eaux Waterman un paraphe éphémère, que ce soir au retour il viendra récrire, mais cette fois vers le nord. Je ne sais plus si c'est nous qui partons ou bien Chypre qui arrive.

Re-contrôle. Re-re-taxe. Et toujours la question de savoir si oui ou non nous passons côté grec. Nous l'apprendrons plus tard. Jusqu'à ce jour, aucun touriste venant du nord n'était passé. Frontière hermétiquement fermée. Depuis le 1er avril 2003, seulement, venant du sud, l'aller-retour leur est permis, sous certaines conditions, comme d'ailleurs pour les Grecs et les Turcs pouvant le faire à leur gré depuis cette même date.

Dans les faubourgs de Nicosie. Côté nord. Du goudron. A courir le long d'un mur aveugle rehaussé de barbelés afin de séparer de façon certaine les deux versions de l'histoire. Quarante-huit heures que nous tournons comme des rats autour de Chypre sud. Notre ticket de passage pour la Libye et pour l'Afrique est là, à cinq cents mètres derrière ce no man's land.

Incroyable ! En moins de temps qu'il n'en faut pour le dire, nous quittons la zone nord. Trop contents que sont les Turcs de se servir de notre passage comme preuve à joindre à leur dossier de reconnaissance internationale. Puis entrons en République chypriote grecque sans avoir le temps de dire ouf. Trop contents que sont les Grecs, eux, d'accueillir leur toute première voiture européenne, nonobstant sa provenance d'un territoire qu'ils considèrent comme occupé. Seule réflexion du douanier grec qui me demande mon permis de conduire, en voyant ma photo de baba cool des années quatre-vingt. Barbu, chevelu, moustachu. Il me dit : *"You look like a Turkish musulman !"* J'éclate de rire et je lui réponds : *"Yes, I was young, now I am christian orthodox !"*

Malheureusement, j'ignore que la sollicitude des uns puis l'euphorie des autres, pour une fois concordantes, nous ont précipités dans un vide juridique international pour le moins embarrassant. Premiers que nous sommes à passer de la sorte. Quel honneur ! Mais à présent bien obligés de nous en remettre à la jurisprudence. Nous voilà, en effet, au volant d'une voiture, nous comme elle, censés ne jamais être arrivés là, car passés par une zone de non-droit international. En clair, nous sommes dans l'illégalité la plus totale, avec, au dire des personnels de l'ambassade de France, menace d'amendes, de saisie du véhicule et des biens, voire d'emprisonnement.

Ne comptons pas sur l'attaché français de sécurité intérieure qui nous recommande de repartir fissa par le même chemin, sans faire d'histoire, discrètement, et surtout, sans lui créer de complication. Son carnet de plage est surbooké. Paradoxe de l'homme qui se baigne sans vouloir se mouiller. Même tabac pour le vice-consul, la consigne est formelle : "On ne dérange pas les vacanciers !"

Andréas n'est guère surpris par l'attitude du staff français. C'est lui qui débloquera la situation. Architecte chypriote, haut fonctionnaire d'Etat, tôt le lundi, dès l'ouverture des ministères, il fera intervenir en personne le ministre des Affaires étrangères de son pays, et chacun mettra un point d'honneur à nous faciliter de la manière la plus officielle qui soit la sortie de territoire de la voiture, des personnes et des biens. Notre enlèvement d'Europe finira par se faire.

Trente ans. Que ces murs sont dressés. Trente ans. Que le cœur artisanal et commercial de la ville a fui l'entrelacs des vieilles rues, laissant aux chats, aux militaires, à la végétation des terrains vagues le soin de s'approprier ce no man's land. Ce cancer aux façades. Toutes ces bâtisses menaçant ruine. Leurs balcons de facture ottomane envahis par des sacs de sable. Barricades désuètes de combats qui firent rage. Meurtrières effondrées continuant d'étrécir les points de vue. Ce cancer silencieux, qui déplace la ville. Ses terrasses animées, boutiques de luxe et petits commerces, plus au sud, sur l'avenue Makariou, offerte à la frime, aux cybers, aux bagnoles, aux portables, aux Ray-Ban, au besoin d'oublier, mais de piètre façon, que depuis trente années se jouent des deux côtés les mêmes parties de backgammon et que se boivent à toute heure les mêmes tasses de café.

Pourtant, du côté grec, renaissent des mosquées sous l'égide financière de l'Union. Pas si mauvaise fille que cela quand elle le veut l'Europe chrétienne ! En dégustant ma bière sur une terrasse à l'ombre d'un ficus, je regarde des musulmans indiens se rendre par petits groupes à la mosquée flambant neuve du quartier. Dans le même temps, près des remparts, des milliers de fans, deux heures durant, vont écouter les ballades apaisantes d'Elton John, la pop star. La vieille Europe est à l'écoute…

CAMÉRA POUR MÉMOIRE

Libye, juin

> On ne voit le vent que dans la touffe d'herbe, la poignée de sable ou l'écume qui voltigent, car la nature visible est un oracle qui ne se soumet pas aux lois du visible mais à celles de l'invisible.
>
> IBRAHIM AL-KONI

Il était tard, très tard. L'aéroport était désert. Fatigue et décalage d'une heure entre Chypre et Libye. La lumière des néons semblait être du sable sur le dos d'une poignée de fantômes. Les employés de la douane avaient hâte d'en finir avec les passagers de ce dernier vol. Point d'affiche dans le hall pour distraire le regard. Seule concession aux perversions publicitaires, une vitrine de barres chocolatées Suchard. Et, bien que l'estomac en vrac, un petit bout de chocolat, je n'aurais pas dit non. Face à l'objet de ma convoitise. Un portrait de

Kadhafi. Peint en contre-plongée. Bras croisés, menton fier et les yeux disparus. Invisibles, derrière ses lunettes de surveillant de baignade. Entre le Guide et la vitrine de chocolat, en lettres vertes sur fond blanc. Un slogan. En arabe, en anglais et en français. Un slogan décliné en trois langues qui ne savait plus de quel produit se réclamer : “Pas de démocratie sans congrès populaires et sans comités *partout*.” Malgré les vingt-cinq, vingt-six degrés ambiants, j'eus comme un petit frisson en m'arrêtant sur cet adverbe de lieu, *partout*. Je trouvais la formule de bienvenue un peu fraîche.

Par quel bout de la lorgnette regarder ce pays ? Quand chaque lecture est séparée de sa suivante par quatre cents, six cents, voire mille kilomètres, comme ce fut le cas entre Tripoli et Benghazi, plus question de parler de marche. Ici, on se déplace en taxi en espérant que la clim' fonctionne.

Destination Waddane. Vers le sud. Le désert. Au rythme des standards de la musique égyptienne. Dans notre dos s'estompent les dernières cultures. Nous quittons la bande côtière. Le chauffeur, cool, lunettes noires, sur sa face noire, le chauffeur roule, chewing-gum aux mandibules. En évidence sur le tableau de bord, une carte de la Libye. Dépliée. Son reflet nervuré de routes rouges sur fond de sable au sud, de vert et d'azur pour le nord où se trouve la mer, son reflet au pare-brise confond sa légende avec le désert vers lequel on progresse. Plaines arides, plateaux, gorges profondes et canyons dans mes regards dérapent sur une voix de femme accompagnée par des violons qui glissent par syncopes successives. Mes yeux s'irriguent au long ruban d'asphalte, blanc de lumière qui se transforme au loin en eau. Du blond, de l'ocre, aucun panneau ni de marquage au sol, seul ce cordon bordé de pneus par dizaines, de carcasses calcinées, désossées. Tribut de l'homme à la distance. Humble puceau du désert, face à lui, je me tais.

Il y a des livres qu'on se promet de lire. Il y a des marches qu'on se promet de faire. Jamais encore je n'ai senti le souffle chaud qui ébouriffe les buissons, ni le bruissement du sable quand le vent tire de courtes mèches sur le sommet des dunes. Jamais encore. Mais, à défaut, je me glisserai dans les écrits de Théodore Monod. Suffit parfois d'un livre pour que le monde s'ouvre.

J'aurais voulu ouvrir les livres qui s'écrivent ici. C'était mon souhait. Mais, hormis les trois romans d'Ibrahim al-Koni, *Poussière d'or*, *Le Saignement de la pierre*, *L'Herbe de la nuit* et son recueil d'aphorismes du désert *Un œil qui jamais ne se ferme*, qu'aurais-je pu trouver ? Les catalogues des éditeurs français font une impasse sur la Libye, pour la raison très simple, et c'est moi qui le suppose, que la littérature libyenne reste non seulement à traduire mais surtout à écrire. Certains pourraient arguer d'une culture orale peu tournée vers l'écrit, d'autres, d'une faible densité démographique, mais à population égale certains pays remplissent les catalogues. Sans cesse soumise à la censure, toute littérature finit par s'étioler. Le principe est simple, faire tomber quelques têtes à loisir pour mieux courber celles qui restent.

> On ne voit le vent que dans la touffe d'herbe…

Par un habile simulacre d'autogestion, chacun fait sienne *sa* politique et les moindres décisions du Guide deviennent volontés collectives par le jeu remarquable de l'autosurveillance. Je te tiens, tu me tiens, le premier de nous deux qui dérape est promis à la geôle. Un seul des nombreux écrivains et poètes que j'ai pu rencontrer à Waddane, Benghazi ou Sabratha, prendra le temps de boire un verre en tête à tête avec moi à la terrasse d'un hôtel. Lentement, nous parlerons de tout. De cinéma, d'Internet, de relations hommes-femmes, de son livre de nouvelles à paraître à l'automne. Un recueil pamphlétaire, me confiera son traducteur. Est-ce le truchement de l'anglais dont il use aisément, et duquel j'ai bien peine à produire quelques phrases, qui freinera notre échange ? Certainement. Cependant, je sens bien sa réserve, ses détours. Quelle confiance m'accorder ? Suis-je uniquement un poète ? Et la pudeur aussi, on ne partage pas très facilement avec un inconnu l'unique raison de ses dix ans d'emprisonnement. La critique du pouvoir. Trois années pour celui-ci à ma gauche. Neuf ans pour celui-là. Pour cet autre en tailleur sur la natte, vingt-deux ans de sa vie anéantie dans une cellule. Les serveurs vont et viennent dans un ballet réglé au millimètre. Ismaël Mohammed, en grand chef de tribu, directeur de l'institut de formation des maîtres de Waddane, reçoit dans sa ferme au milieu de l'oasis la visite du Conseil de la promotion de la créativité en Libye.

Mais avant cela les mêmes, tout un après-midi, dans un amphi carrelé, style bloc opératoire. Température de chambre froide. A l'extérieur, quarante degrés. Dans les rues défoncées de la ville pleine de sable, de poussière, de poubelles, de soleil sans une ombre. Ici, ce ne sont que néons. Tissus bleu layette aux tables, bouquets rose orangé de fleurs artificielles, tribune équipée de micros inutiles dans une salle de si bonne acoustique, caméras pour *mémoire*, des mouchards en civil, l'hymne du Guide sans lequel rien ne serait et que nous écoutons tous, debout, garde-à-vous dans l'amphi, un verset du Coran psalmodié par un jeune étudiant, *Livre vert* du prophète, *législation de la société*, des slogans en banderoles sur les murs, *"Tout être humain a le droit à la connaissance"*, *"L'Afrique aux Africains"*, remerciements des uns des autres à l'égard réciproquement des mêmes se donnant du docteur à tout-va. Professeurs, écrivains, poètes, se portant au chevet d'une poésie, morte, vidée de sens et de son sang, qui ne dérange plus personne, ni conscience, tant les mots dont elle use sont affreusement ampoulés, éloignés des sujets qui pourraient déranger si d'aventure elle les abordait en lâchant le domaine consensuel et fleuri des fadaises du cœur : visage, rivage, amour, toujours. Je m'applique à faire preuve d'empathie, mais qu'est-ce que je m'ennuie ! Pour les Libyens, c'est pire… la mort !

Une seule voix se distinguera de l'atonie générale, à mes oreilles pourtant inexpertes en arabe. Par cette force de profération reconnaissable entre toutes, universelle. Capable de rendre subversifs les mots les plus désuets du vocabulaire dit *poétique*. Capable aussi de faire voir par l'oreille ce que l'œil n'oserait entendre. A l'issue de la lecture, nous tomberons dans les bras l'un de l'autre, profondément émus de ne pouvoir nous dire autre chose que ce que nous venions de supposer des mystères de notre âme qui échappent heureusement aux censeurs.

Enfin, le soir. Une cinquantaine de convives, des hommes pour la plupart, se répartissent sur des matelas et des coussins multicolores. A peine une poignée de femmes entraînent Corinne à part. A l'angle qui nous sépare, l'orchestre attend. La nuit apporte sa fraîcheur et les palmiers dattiers bruissent d'oiseaux qui jouissent de l'accalmie du ciel. Hormis quelques poètes soi-disant énervés, la journée, rien ne bouge.

En un éclair, une dizaine de serveurs posent au sol des bassines d'étain, chacune relevée en son centre par une sorte de pistil sur lequel un morceau de savon va servir au lavage des mains. Mon voisin verse sur les miennes un très court filet d'eau qu'il interrompt, par mesure d'économie, en relevant d'un coup la gargoulette. Je me savonne, il m'aide encore à me rincer, puis m'invite à lui rendre la pareille en tenant à mon tour le récipient. Le rituel hygiénique, très rapide, est aussitôt suivi dans une douce fluidité par le service de grands tajines autour desquels à quatre ou cinq nous plongeons nos mains pour partager le *ftate*. Mieux qu'un brouet, en plus épais, un délicieux mélange de galettes de blé que l'on émiette, et sur lesquelles on a versé le bouillon de la cuisson d'une viande de mouton, cuite entourée de tomates, d'oignons, d'aromates et de piments. Après ce plat unique qui nous laisse les doigts et commissures de lèvres luisants de graisse, quelques fruits, puis reviendront les bassines, les gargoulettes. Par magie, les serveurs débarrassent sans un mot les couverts. Bienheureux le thé vert et brûlant qui suivra.

Repus, les corps s'allongent, d'autres plus dignes se maintiennent en tailleur. Proche d'un son de cornemuse, une *zakkara*, deux cornes de chèvre que le joueur abouche par une seule et unique anche, une *zakkara* grasseye autour des mots feutrés qu'échangent les groupes sur les nattes. L'air nous caresse. De temps en temps, les femmes font entendre de beaux éclats de joie. Corinne, ici, ne partage plus le même compartiment, à chacun son voyage. Il est déjà promis entre elles que vers dix heures demain matin on la revêtira de la tenue traditionnelle du mariage.

Derbouka et tabla. L'une sèche, le second bien plus sourd et plus rond, arrivent en contrepoint du bourdon continu du sonneur. A genoux derrière les musiciens, les hommes, leur service achevé, reprennent en chœur chaque couplet lancé par un seul : "Fondez, fondez ! O mes yeux, fondez ! Fondez et prenez mon âme !" Chanson d'amour indémodable sur laquelle à présent des youyous fusent, des mains frappent en cadence le chaloupé de ceux qui se lèvent pour montrer l'ondulé de la danse du ventre et leur coup fatidique de hanche. Au henné, en arabe, est écrit sur la peau de l'instrument : "Ce que Dieu veut." Et ce jour-là, Dieu voulut que Corinne fût reine.

Tout autour d'elle. Mille doigts de fées, doigts de femmes voilées, délicats mais fébriles, ajustent, épinglent, abaissent ou rehaussent au coup d'œil le détail ou le pli. Il fait chaud, et Corinne transpire sous la robe patchwork surbrodée de motifs d'argent, en première épaisseur d'un costume qui en comporte quatre. Une pièce de tissu en drapé jusqu'aux jambes retenue d'une épingle à l'épaule. En coiffure, un foulard de coton rouge frangé surmonté par un voile de rayures reprenant les dessins de la robe. Un foulard qu'à sa guise elle maintient de ses mains pour offrir ou cacher son visage à qui veut. Séductrice par jeu, ses paupières s'abaissent. Fatima, étudiante en français, la première de sa classe, lui demande une photo, puis une autre, elle l'embrasse et lui glisse à l'oreille : "Bienvenue Corinne, bienvenue en Libye !" Et encore des colliers, des boucles et des sequins, des amulettes, des bracelets, fécondité, fidélité, santé, prospérité, chaque ornementation pourvoyant par son symbole à sa fonction bienfaitrice ou protectrice.

Elle va fondre, elle va fondre. Et nous prendre notre âme ! Professeurs, étudiantes, étudiants. A ce jeune ouvrier attiré par cette effervescence, beau comme un prince du désert, qui va et vient dans le couloir, sans trop savoir sous quel prétexte m'adresser la parole pour mieux s'approcher de la belle. Enfin, il entre dans la salle, avec un alibi d'enfer. Il me montre son mètre enrouleur avec lequel il travaille à… peu importe, il me montre le ruban métallique et, fier de lui, me fait remarquer les deux systèmes de mesure qui scindent l'objet en deux, anglo-saxon d'un bord, métrique de l'autre. Le scoop ! En fait, ce n'est pas de mesure dont il rêve le jeune homme, mais de mensurations secrètes.

Toute cette jeunesse qui nous fête nous supplie au moment du départ : "Ne nous oubliez pas !" Les jeunes filles qui nous pressent, nous entourent, pleines de vie, pétillantes. Une seule phrase prononcée en français les remplit d'une joie en retour de laquelle nous nous confondons en remerciements auprès d'elles d'avoir choisi notre langue comme études principales. Un choix fait par certaines, pour des raisons bien plus subtiles que l'apparence ne le voudrait.

C'est une jeune femme, mariée, quatre enfants, dont l'aîné a seize ans, soulignant ma surprise au passage : "Ça vous étonne, hein ? Je suis jeune !" qui, très incidemment, va me mettre la puce à l'oreille. Oui, elle est jeune. Belle, voilée, noblesse douce d'un visage à peau très pâle. Vêtue dans un écrin de noir qu'elle a légèrement cintré à la hauteur des hanches contre la règle qui voudrait qu'aucune coquetterie de femme ne saillisse du tombé vertical de cette tunique d'ordinaire laide et austère. Toute sa grâce est là, dans le secret d'une couturière complice. Son regard est espiègle. Son français, impeccable, m'apparaît coquinement arrogant. Je suis assis entre elle et son mari qui se tient sur ma gauche. Certainement plus âgé de quinze ans, ingénieur, très bel homme, ne parlant que l'anglais en dehors de l'arabe. Bienséant, mais perdu, au milieu de ces phrases échangées dans une langue qu'il ignore, le français, devenant d'un seul coup pour l'épouse le champ d'une liberté immense.

"Quelqu'un a-t-il vu sur TV5 Orient, hier soir, cette émission sur les mariages homosexuels ? Qu'en pensez-vous ? nous demande-t-elle…

— Pardon ?"

Plus une mouche ne vole. Tous nos regards convergent vers elle, épatés que nous sommes par l'audace de cette femme, tranquillement installée à deux pas de son époux, qui à aucun moment ne pourrait soupçonner la teneur du débat que sa tendre moitié vient de lancer, faussement innocente. Voilà enfin qui me réjouit… Après une séance, ô combien déroutante, organisée en mon honneur par Le très noble et délirant Comité populaire de l'information et de culture de la *shabiat* Sabratha et Sorman.

Pour une lecture de trente minutes, je vais subir toute une série de discours des petites et grandes notoriétés de la *shabiat* du coin. Durée, quarante minutes. Suivis d'une seconde couche de trois quarts d'heure, en remerciement après que j'eus salué la salle. Tout cela, entrecoupé d'une soupe d'accords qu'un Black aveugle, sur son synthé, nous joue à la Ray Charles, au beau milieu de micros que branchent et débranchent quand bon leur semble des techniciens d'une discrétion phénoménale, de caméras sur pied, de vidéos, de flashs, d'un goûter qui débarque sans prévenir au milieu de la lecture. Mais où suis-je ? L'amphi est plein à craquer d'un public hommes et femmes, tous adultes, recevant comme des mômes réunis là pour un goûter d'anniversaire une collation composée d'une canette de Coca, d'une paille pour chacun, d'une assiette en carton sur laquelle on a mis une portion de millefeuille, une papillote au chocolat, un morceau de pastèque, une cuillère en plastique. Sachons garder notre bonne humeur. Ce que je fis. Au spectacle d'un peuple que l'on infantilise, auquel j'aimerais dire : "Lâchez ces sucreries ! On vous dupe. Parlons un peu de livres…"

Oui, je sais que c'est Lui qui irrigue la Libye, la grande rivière artificielle, c'est à Lui qu'elle est due. Oui, je sais que c'est Lui qui moissonne. Le blé, l'avoine et l'orge du pays ce n'est pas vous, c'est Lui. La luzerne au milieu du désert, le pétrole qui jaillit du sous-sol, encore Lui, toujours Lui. Sur les fresques murales aux carrefours des villages, aux ronds-points dans les villes, aux croisements de vos mots, c'est écrit et c'est peint comme une triste BD à un seul personnage. Au-dessus de vos têtes, un immense phylactère de ciel bleu où plus rien ne se dit tant on tremble de troubler les paroles du Guide. J'ai rencontré un peuple muet.

Je repars de la salle, assommé, et rien moins encombré que d'un énorme bouquet de fleurs, d'un diplôme de bienvenue tamponné, paraphé, d'un Coran en français, entouré d'une musique ressortie des placards, sur laquelle je me trémousse comme ils aiment qu'un touriste le fasse, mais souhaitant en mon for intérieur que cesse la mascarade. Et chaque jour j'y ai droit. Aussi bien, m'assignerais-je une conduite. Dans la chair du malade, gentiment, à petites doses, injecter de l'humour. Les courbettes, les intros, les discours, les cadeaux, stop ! Je suis lecteur public pas un apparatchik...

Venant de gravir les quelques marches qui nous mènent à l'estrade et me voyant chercher du regard l'emplacement idéal face aux pupitres en gradins, la voix du prof est ferme :

"Docteur Roger, votre place est ici à la tribune !"

Douce et enjouée, la mienne ne l'est pas moins :

"Je vous remercie, ma place sera ici près du public !"

L'amphithéâtre est rempli d'étudiants briefés sur la façon de me recevoir, sur la façon de m'adresser la parole, la façon de se lever, de s'asseoir, d'écouter, de se taire. Je viens de surprendre un professeur leur prodiguant quelques conseils qu'on ne donnerait pas à des enfants de cinq ans. D'emblée, tombe un silence de mort.

"Docteur Roger, nous procédons toujours ainsi !

— Admettez qu'aujourd'hui c'est un peu différent ?..."

Je dégrafe le velcro de mes sandales, les ôte, et, les tenant par la lanière, les lui présente à distance respectueuse :

"Où puis-je les mettre ? Vous comprenez, pieds nus, on se sent plus à l'aise. Non ?

— ..."

Interloqué, il jette l'éponge. L'amphithéâtre éclate de rire devant autant d'impertinence... Puis, remonté comme jamais, ne sachant que faire des deux micros que les techniciens me tendent (pour tenir le livre et pour tourner les pages, c'est très pratique), je les empoigne et les pointant en guise de cornes, au front, sur un air de trompette bien connue, comme une foule autour de l'arène au plus intense d'une corrida, j'invite la centaine d'étudiants à me répondre sans retenue par un Olé ! puissant, qui les étonne eux-mêmes. Une fois. Deux fois. Trois fois... Olé ! Elèves et professeurs se lâchent. On va pouvoir enfin parler littérature et de bien d'autres choses.

"Que pensez-vous de la Libye ?

— Que voulez-vous que je pense d'un pays dans lequel je ne suis que depuis une semaine ? Vous y vivez depuis toujours, c'est à vous de me dire ce que vous pensez de votre pays !"

Blanc… Un professeur s'arroge le droit de répondre pour l'assemblée :

"Que vous dire de notre pays ? C'est un pays tranquille…"

Comme il est doux et tranquille, effectivement, de vivre dans un pays où pour mener sa thèse à terme tel étudiant doit commander ses livres sur amazon.com et les faire venir dans les valises à double fond de ses amis qui vivent en France. Car rien ne peut arrêter l'eau, ni rien ne peut stopper la vie. Jamais je n'avais vu autant de cybercafés qu'ici. Le grand irrigateur de la Libye devrait le savoir, l'intelligence est du côté de l'eau. La sécheresse d'esprit du côté des momies. Un professeur me remercie : "Vous êtes tout, sauf diplomate, ne changez rien, vous êtes un vrai marchand de bonheur !" Puisse-t-il dire vrai cet homme charmant dont les collègues, apparemment, ne partagent pas l'avis. Irakien d'origine, réfugié politique, très cultivé, il a passé huit ans de sa vie en France au contact d'un esprit de liberté que j'entends, saltimbanque effronté, promener le plus longtemps possible sur les routes et les chemins.

Je sortirai de ce pays, crevé, vidé. D'avoir vécu sans arrêt mon passeport à la main, toujours prêt à l'ouvrir, obséquieux et souriant aux contrôles de police. Vidé, crevé, peut-être. Mais heureux et tellement satisfait d'avoir croisé où que ce fût, malgré leur protocole pesant, d'avoir croisé curiosité, intelligence, chaleur et générosité, en réconfort de notre sortie du territoire, accompagnés *manu militari* jusqu'au poste frontière tunisien. Voiture, biens et personnes pris en otage d'une administration paranoïaque. Quatre jours à nous battre afin que la voiture nous soit restituée au sortir du cargo en provenance de Chypre en l'échange d'une fortune. Rackетté, épuisé, la tête vide.

Je regarde les douaniers opérer dans un immense hangar la fouille minutieuse des voitures, autobus, surchargés de denrées, de ballots de vêtements, de chaussures, de casseroles d'alu sur les toits arrimés, couscoussiers, lessiveuses, que des flots de voyageurs tout aussi fatigués que nous sommes regardent à présent étalés sur le sol. Un pauvre bougre a caché dans sa roue de secours une douzaine de paquets de thé. Pour lui, la nuit ne fait que commencer.

D'un poste de contrôle à l'autre, c'est une file de plusieurs kilomètres de voitures arrêtées. Un foutoir de pare-chocs, de ferraille dans lequel se faufilent des centaines de piétons, frontaliers, portefaix misérables de cette économie championne de la contrefaçon. Chargés de sacs, compactés et cubiques, de chaussettes, de chemises, de tee-shirts, qu'ils transportent à l'épaule. Ils attendent, nerveux, l'instant propice à leur passage soumis au bon vouloir de policiers, plus vérolés tu meurs ! Grand ballet de survie dans la nuit qui mélange toutes ces poches de sang.

Un douanier tunisien vient vers nous. Enième coup d'œil à nos passeports ? Non, il a vu notre plaque : "Bienvenue la France !" Curieux de savoir pourquoi nous sommes allés nous perdre dans ce *pays de malheur*. Ce sont ses termes… Nous lui parlons de notre voyage. Il est tout jeune, vingt ans à peine, il nous tutoie. Dans un sourire, il commence à nous dire un poème.

"Attends, je vais l'écrire sur mon carnet !

— T'es prêt ? Alors tu notes…

Y a pas plus beau que de parler d'amour
Y a pas plus beau que de partir un jour
Y a pas plus beau que d'embrasser la mer
Y a pas plus chaud que caresser la chair
Laissez-moi errer puis errer
L'amour à moi c'est le souvenir d'un vieux baiser…"

Notre file de voitures redémarre.

"Laisse-moi ton prénom pour signer ton poème, je vais le mettre en ligne sur Internet !

— Rien ! C'est la nuit… Je suis un policier à la frontière qui te le donne…"

POÈTES DE SEPT ANS, AU SECOURS !

Tunis, juillet

Sur l'étagère du haut, près de la fenêtre sans carreau de la salle des ouvrages référencés *Géographie*, à la bibliothèque régionale de Médenine, un couple de passereaux a installé son nid. S'est-il concerté pour choisir les reliures et les pages destinées à soutenir son projet ? Il n'en demeure pas moins l'une des fiertés du conservateur de ce superbe établissement entièrement informatisé. “Voyez ! Nous sommes ouverts à tous”, dit-il.

Une seule ombre au tableau, trop peu de lecteurs fréquentent ce bel espace. Hormis des lycéens à la recherche de salles d'études pour réviser leurs examens. Aussi, aimerait-il créer d'autres comportements. Il a misé sur un excellent fonds jeunesse pour, espère-t-il, engendrer chez les enfants des habitudes d'emprunt que les adultes et les adolescents n'ont pas. C'est dans ce cadre qu'il organise un week-end d'animation au cours duquel il a convié le plus grand nombre à me rejoindre "sur les chemins d'Oxor".

Yves Mézières, responsable du bureau du livre de l'institut culturel français de Tunis, initiateur de la rencontre, profite de l'occasion pour promener de ville en ville, tout au long de notre commune échappée, une très belle exposition fêtant le cent cinquantième anniversaire de la naissance d'Arthur Rimbaud. Sa connaissance de la vie et de l'œuvre du poète, l'admiration qu'il voue au parcours de cet homme m'intiment spontanément d'inscrire à mon programme de lecture quelques-uns de ses poèmes, pour nous lier de sympathie au travers de chefs-d'œuvre tels que *Les Poètes de sept ans*, *Le Bateau ivre*, derrière lesquels, exégètes essoufflés, nous ne cesserons de courir. Mais le contexte s'y prête-t-il vraiment ?

Une affligeante animation vient de lâcher, dans le hall, trois zombies, costumés de chez Disney, un clown, un canard et un curieux drapeau tunisien en forme de décapsuleur, qui invitent les gamins à singer leurs grimaces, à bouger sur une cacophonie sans âme diffusée par une radiocassette. Incrédules, Yves et moi on se regarde. Non, nous ne rêvons pas. Mais le plus étonnant sera de voir ce public d'une centaine de personnes, composé aux trois quarts d'enfants, passer, sans broncher, de cette animation pour le moins insipide à l'audition d'un répertoire de textes requérant une écoute beaucoup plus pertinente.

Quand je compare la difficulté de concentration de certains de mes publics adolescents en France à la lumière qui passe sur les visages de ces jeunes Tunisiens, quand je leur lis :

> A sept ans, il faisait des romans, sur la vie du grand désert, où luit la Liberté ravie, forêts, soleils, rives, savanes ! – Il s'aidait de journaux illustrés où, rouge, il regardait des Espagnoles rire et des Italiennes. Quand venait, l'œil brun, folle, en robes d'indiennes, – huit ans, – la fille des ouvriers d'à côté, la petite brutale, et qu'elle avait sauté, dans un coin, sur son dos, en secouant ses tresses, et qu'il était sous elle, il lui mordait les fesses, car elle ne portait jamais de pantalons ; – et, par elle meurtri des poings et des talons, remportait les saveurs de sa peau dans sa chambre…

quand je compare, je me pose des questions. D'autant plus qu'ici les adultes responsables de culture prennent la jeunesse au sérieux, mais en ne choisissant pas forcément les bons moyens.

Quelques jours plus au nord, à Djerba, sur cette fameuse île des Lotophages de l'*Odyssée*… Dans le cadre déliquescent d'un hôtel club plein à craquer de viande venue d'Europe jusqu'ici pour bronzer, le bienveillant bureau du livre du ministère de la Culture tunisien a réuni durant trois jours vingt-cinq lauréats de concours d'écriture tunisiens, âgés de quinze à vingt ans. Louable initiative, pour laquelle j'aurais personnellement choisi un autre endroit.

Quel supplice en effet, pour des jeunes normalement constitués, d'avoir à se concentrer huit à neuf heures par jour, pour des ateliers d'écriture, de théâtre et des arts de la scène, d'être relégués dans l'espace salon d'un hôtel, entre les chambres et la plage, la piscine et le bar, les vendeurs de souvenirs et la tête vide de ces milliers de Lotophages, et bien sûr l'interdiction de toucher à quoi que ce soit de ces plaisirs supposés. Même leur mère supérieure qui veille pourtant au grain ne pourra pas les empêcher, la nuit venue, de faire le mur pour aller se baigner, pas vus pas pris, dans la mer toute proche.

Le premier soir, à l'issue de ma lecture, une jeune brunette, très décidée, vient vers moi et se présente :

"Je m'appelle Inès, j'ai seize ans, j'écris depuis l'âge de neuf ans et suis citée au *Guinness Book Records* comme la plus jeune nouvelliste du monde et la plus prolifique…"

Ses prunelles n'ont pas lâché les miennes une demi-seconde, j'ai bien peur d'être tombé dans un piège.

"J'ai été reçue personnellement par le président Ben Ali, Jacques Chirac m'a écrit lui-même une lettre pour m'encourager…"

La reine Nour, Arafat, ministres, gouverneurs, ambassadeurs, personnalités culturelles et littéraires l'ont déjà tous approchée, encensée.

"J'ai écrit quatre-vingt-dix contes et je vise le prix Nobel de littérature. Puis-je vous confier deux de mes recueils pour que vous me donniez votre avis ?"

"Poètes de sept ans", au secours ! A moi ! Je n'ai que vingt-quatre heures pour me planquer avant qu'elle ne revienne. Et j'en veux moins à sa naïveté, qui serait charmante si elle ne lui était préjudiciable, qu'à la bêtise de son entourage qui la conforte à longueur d'interviews, d'émissions et d'articles dans son rôle de petite brebis savante. Les contes qu'elle m'a remis me sont tombés des mains, ils mettent en scène des oisillons et des colombes d'une mièvrerie insupportable. Si elle revient vers moi ce soir, j'ai opté pour lui dire ce que j'en pense. Ce n'est pas le cran qui lui manque :

"Alors, vous ne m'avez toujours rien dit, vous avez lu au moins ?

— J'ai lu vos textes, je ne les ai pas aimés. Vous avez de l'imagination, vous êtes intelligente et vous savez manier la langue. La forme du conte que vous semblez affectionner est à mon sens une forme désuète qui ne correspond pas à votre temps."

Sa réplique est d'une grande perfidie :

"Tout le monde dans notre groupe s'accorde à dire que vous êtes un lecteur génial, mais là vous n'avez rien compris ! J'exprime toutes mes idées par des symboles, si vous ne voyez pas les symboles, vous ne pouvez rien comprendre ! Les malheurs de l'oisillon sont ceux du peuple palestinien…"

Piqué, je lâche le vouvoiement :

"Tu veux parler du peuple palestinien ? Bravo ! Vas-y, plonge-moi dans les horreurs de leur quotidien, parle-moi de leurs difficultés à se rendre à l'école, au travail, au bazar, mais, de grâce, épargne-moi tes volatiles et les fadaises de tes vilains chasseurs. Rappelle-toi ce que Bradbury dit dans le texte que je vous ai lu ce soir.

> En fait, savez-vous pourquoi des livres comme celui-ci ont une telle importance ? Parce qu'ils ont de la qualité. Et que signifie le mot qualité ? Pour moi, ça veut dire texture. Ce livre a des pores. Il a des traits. Vous pouvez le regarder au microscope. Sous le verre vous trouverez la vie en son infini foisonnement. Plus il y a de pores, plus il y a de détails directement empruntés à la vie par centimètre carré de papier, plus vous êtes dans «la» littérature. C'est du moins «ma» définition. Donner des détails. Des détails pris sur le vif. Les bons écrivains touchent souvent la vie du doigt. Les médiocres ne font que l'effleurer. Les mauvais la violent et l'abandonnent aux mouches.
>
> Est-ce que vous voyez maintenant d'où viennent la haine et la peur des livres ? (…) La qualité, la texture de l'information. (…)"

Puis, je lui avoue ma peine à croire qu'elle soit lue au-delà de son cercle d'affidés.

"C'est très dur ce que vous me dites, vous êtes le premier à me critiquer ainsi. Sachez que mes textes sont joués par des compagnies de théâtre en Egypte !"

J'attends d'elle un sursaut. Il sera à la hauteur du talent qu'elle possède mais qu'elle n'a su à ce jour exprimer.

"Je ne vous promets pas de vous écrire tout de suite, car tous mes textes sont rédigés à l'identique, mais dès que je parviens à en écrire un d'une nouvelle manière, je vous l'envoie. Comme j'écris en arabe, je vous demanderai d'être patient, c'est une amie qui les traduit pour moi en français.

— Je patienterai..."

Je la remercie et la prie d'oublier au plus vite mes propos. Au final, je la rends peu sympathique, or elle l'est. C'est une enfant désemparée par la franchise d'un vieux bonhomme, à ses yeux sans nuance. Ce n'est pas à elle que je devrais dire tout cela mais aux adultes qui la cultivent comme l'orchidée du siècle. Saura-t-elle se garder de leur cour ? J'ai toute confiance en son tempérament.

"Et vous êtes de quel signe ?" me demande-t-elle pour s'assurer que c'est bien elle qui mène l'audience.

Surpris, je réponds :

"Capricorne...

— Ah ! réplique-t-elle, laissant traîner dans le «ah !» sa maîtrise évidente des grandes clés du zodiaque. Vous êtes un habitué de la chance, alors ?”

Je ne sais si ce fut de la chance en ce temps où j'avais le même âge, rêveur fou d'écriture, de voyage et de longues distances, de m'être fait dire par mon père, avec cette maladresse qui le caractérisait quand nous avions à parler de sujets graves : “Si tu tiens à écrire mon garçon, tu peux le faire dans ta chambre ; et si tu veux faire l'écrivain, deviens Victor Hugo !” Pourquoi le nom de cet homme, dans une maison dont les seuls livres étaient des kilomètres de Sélection Reader's Digest ? Difficile tâche de devenir soi-même.

Je regarde aujourd'hui mon fils Tom avec Arnaud son petit copain d'école, venu se joindre à nous, accompagné de ses parents pour quelques jours de vacances. Je le regarde mener le jeu des dialogues dans la petite gare désaffectée de Sédjenane, une petite ville dans le Nord de la Tunisie…

Le soleil s'apprête à disparaître derrière les collines et nous avons à contre-jour le surprenant spectacle de dizaines de nids de cigogne, peuplés chacun de trois ou quatre individus, juchés non seulement sur les toits de la gare mais aussi sur plusieurs wagonnets hors d'usage, stoppés là par la rouille, face à nous, aériens, becs et pattes effilés au milieu de cette ferraille à trente mètres du sol, sur une voie provenant d'une carrière ou d'une mine exploitée autrefois, dominant de ses poutrelles l'ancien quai envahi par les herbes. Trois wagons sur une voie de garage. Des wagons de marchandises. Les gamins tournent autour.

"Hé ! Arnaud, surveille si la loco démarre…"

Depuis neuf ans, sans faillir un seul soir, Corinne lui lit une histoire et maintenant des romans dont je n'entends jamais les fins de chapitres, je m'endors toujours avant ! Mais, lui, pas une seule phrase ne lui échappe.

"Vas-y, saute et ne rate pas le marchepied, le train prend de la vitesse !"

Actuellement, elle lui lit *La Route* de Jack London. Dans sa tête, je sens bien que c'est immense comme les phrases échappées de sa lecture. La vie n'aura jamais assez de mots pour tout écrire d'elle-même, soyons nombreux à nous y mettre. N'arrête jamais d'écrire Inès ! Le train prend de la vitesse et nous sommes tes lecteurs impatients…

TÉLÉMAQUE, IL SUFFIT !

Tabarka, début août

Coup sur coup, j'engloutis deux Coca, deux thés verts, et descends une bouteille d'eau minérale d'un litre cinq. Vautré sur une chaise, les jambes au plus loin que je peux sous la table, tête en arrière, yeux fermés, les cheveux en pétard, trempé de sueur, à l'ombre d'une paillote à même le sable, je m'étale, je récupère…

A côté de moi, mon sac ouvert, mon bâton contre une canisse, mon bob et mon foulard en bout de table sur laquelle nonchalamment traîne l'*Odyssée* dont je poursuis la relecture.

Sur la longue plage de Bechateur, un étudiant de Bizerte tient le fast-food *Bienvenue*. Il n'y a pas foule, et pour distraire sa solitude il met du rap à fond les dunes. Docteur Dré, X Zibit, Red Men, Eminem, Onyx, toutes les stars y passent. Quelques gouttes s'échappent du ciel et viennent taper sur le chant XV, quand Athéna, la déesse aux yeux pers se rend à Sparte précipiter le retour de Télémaque.

Brinquebalé, je murmure pour moi-même un premier, un deuxième, quelques vers à voix basse. Je verrais bien la sculpture que nous avons d'Homère en photo dans les livres avec une casquette sur la tête.

> Télémaque, il suffit / c'est assez d'aventures / si loin de ton logis / Tu laisses ton avoir / tu laisses ta maison / aux mains de tels bandits / Ils vont tout te manger / se partager tes biens / tandis que tu perdras / ton temps à ce voyage / Va-t'en donc au plus vite / demander à ce bon / crieur de Ménélas / qu'il te remette en route / si tu veux en rentrant / retrouver au foyer / ton éminente mère /

Oui ta mère ! Mère ! Mère ! Mère !

Depuis que j'ai quitté Bizerte ce matin, je goûte à nouveau aux efforts de la marche. Du café plage de Bechateur, j'aperçois le cap Blanc dépassé bien avant que le soleil ne fût mordant et le phare du Rass Ben Sekka à franchir en ce début d'après-midi quand j'aurais retrouvé toute ma tête. En bord de mer la marche est difficile.

Du peu que la carte pouvait m'en dire, je devinai une côte sauvage, peut-être inaccessible. La Tunisie du Nord, montagneuse et boisée, n'intéresse pas le tourisme de masse. Les guides me confirmèrent l'absence totale d'infrastructures hôtelières et routières entre Bizerte et Tabarka. Combien de kilomètres ? Au moins deux cents. J'y voyais là une liberté supplémentaire.

Dernière décade de juillet,
la lune montait et je souhaitais partir…

La conjonction de mon calendrier lecture avec celui de la marche n'aura eu lieu qu'à de trop rares occasions. Les responsables culturels français des quelque dix pays traversés à ce jour n'ont eu d'autre souci (et ils ont eu raison) que de m'organiser des programmations ramassées dans le temps, ne me laissant pas d'autre choix que la voiture, quand ce ne fut pas l'avion, pour être à l'heure au rendez-vous suivant. Il eût fallu plus d'une année pour honorer mon rêve selon son dessein initial, *à pied, en livres et à voix haute*.

… Partir, pour assister aux événements fortuits du monde… à la lisière des contingences.

Seize heures trente, harassé. Je quitte la côte. Je repique vers le sud, direction le village qu'indique la carte, où j'espère me trouver un lieu d'hébergement. Du haut de sa mule, un paysan me hèle et m'explique en arabe qu'en empruntant la piste sur laquelle je m'engage je vais me fourvoyer. Constatant mon état, il me propose de monter sur sa bête. Tant bien que mal il me hisse, puis, badine à la main, il se met à marcher devant moi, qui, juché à présent à sa place, dodeline épuisé, entre pins, eucalyptus et mimosas. Dans un virage, il m'indique le raccourci qui monte directement à travers bois jusqu'au cœur d'un ensemble de maisons dispersées sur une petite hauteur.

C'est au café qu'aura lieu la rencontre…

Cheb Khaled, le chanteur algérien, envahit toute la salle. Des joueurs de cartes et de dominos sirotent une bière, un thé. Dès que je me pose, ceux qui ne jouent pas font cercle autour de ma table. Choukri, le jeune serveur, parle le français. Qu'est-ce que je fais dans leur village où il ne vient jamais un étranger ? Ce qu'ils y font ou n'y font pas, eux, qui ont tous moins de vingt-cinq ans ?

"Pas de travail ici, la vie est dure." Choukri le dit d'un ton plein de tristesse.

Je lui demande s'il peut m'offrir un coin où dormir cette nuit, me vendre un peu de pain ce soir avec du thon ou des tomates. Il me dit que tout cela me sera assuré, que je suis le bienvenu à Bechateur. Je sais qu'il n'y a pas d'eau ou si peu. Avec beaucoup de précaution je lui demande également si je peux faire un brin de toilette. Il m'apporte une bassine et la remplit de quelques litres. Je dis stop bien avant qu'elle soit pleine et fort de cette précieuse réserve m'enfonce au loin dans la pinède, pour me baigner tout nu, debout dans la bassine, à l'abri des regards d'une poignée de gamins qui aimeraient bien mater *le monsieur*, arrivé on ne sait d'où.

Entre-temps, Choukri s'est arrangé. La famille habite tout près, ce soir, je peux manger, dormir, je suis le fils du chemin qui passe devant chez eux, je suis le fils de la maison. Mohammed, son père, m'embrasse, m'indique où poser mon sac et m'invite aussitôt à faire le tour des lieux. Je vois bien qu'il a pris le soin de changer de chemise, de passer un peu d'eau sur le sol en ciment de la pièce où se trouvent alignés les matelas, et de balayer le seuil vite fait.

Dans une pièce attenante à l'espace réservé à leur habitation, il élève des lapins pour la viande. Deux mille quatre cents millimes le kilogramme. Une centaine de femelles dans des cages de fer, suspendues au-dessus du sol à hauteur d'entretien pour un homme, surveillent d'un œil las leur douce progéniture qui comme leur mère, le souffle court, écoute la radio, jamais éteinte apparemment, en regardant les souris qui se faufilent du tas de foin aux sacs d'un demi-quintal de granulés entassés dans un coin.

Il m'emmène au jardin. J'en profite pour savoir où se trouvent les toilettes, si cette nuit… "Y en a pas !" Il se ravise et me montre un réduit rectangulaire pour moitié à ciel ouvert, où un peu de paille et d'excréments de bêtes se mêlent à de vilaines diarrhées d'êtres humains. L'odeur est forte, la lumière baisse. Il est très fier de me montrer son potager. Tomates, piments, aubergines, maïs et menthe se partagent un lopin de terre grasse, arrosée aux aurores le matin et le soir au coucher du soleil. Lui aussi parle français.

Tous deux assis de chaque côté du seuil, nous aurons un dialogue ponctué de silences aussi longs que la brume de mer qui glisse sur les chaumes au loin, près des bois recouvrant une bonne part des collines. Un bruit de ballon contre un mur me parvient. Nous sourions aux trois poules qui se chamaillent une pelure de pastèque. Me voyant prendre des notes, il s'enquiert d'une brique qu'il recouvre d'une serviette en tissu afin que je puisse y poser mon stylo et mon bloc. Lâche une phrase, m'annonçant que sa femme est partie à Bizerte pour une fête de famille. Une noce. Qu'il préfère rester seul au village avec son fils. Qu'il en a deux autres ainsi que quatre filles tous partis à la ville tenter leur chance. Il se lève. Passe une main sur le bas de son visage, se rassoit, et les avant-bras posés sur ses cuisses, mains ballantes, regarde la lune qui s'élève au milieu du brouillard. Nous partageons le calme…

A l'angle de la maison, il a planté un gardénia. Il le couve. Le protège des assauts de la volaille, des chèvres et des moutons friands de ses jeunes pousses. Une double rangée de briques jusqu'au mur couronne la plante en demi-cercle. Puis il quitte à nouveau sa place. Il va nourrir ses bêtes. J'entends la pelle à granulés plonger au fond d'un sac. Il revient. Arrose le gardénia d'un reste d'eau dans une gamelle, se penche vers les deux fleurs de la plante, petites taches de blanc dans la poussière souveraine. Les caresse, une à une par-dessous les pétales. En cueille une, et me l'offre.

Le dîner réchauffait…

Mohammed, son fils Choukri et moi-même, à deux pas de l'ouverture sans huisserie de la porte, nous pouvons nous asseoir tous les trois autour d'un plat unique composé d'une viande de bœuf accompagnée de piments, pommes de terre, oignons, tomates, que nous mangeons avec parcimonie en sauçant notre pain qui, servant de cuillère, ramène avec le pouce en pince un morceau de légume et, seulement à la toute fin du repas, après beaucoup de politesses, un peu de viande que nous n'osons pas prendre à l'autre.

Une chaîne égyptienne diffuse à la télé posée dans l'angle un film en noir et blanc. Je m'amuse un instant du kitch de la mise en scène, des regards langoureux de la femme sous ceux sévères de l'homme impitoyable, quand il zappe sur RAI2 pour ne plus la quitter en raison de danseuses presque nues qui ponctuent une émission de variétés à la sauce italienne. Moi, je tombe de sommeil.

Sans vraiment m'endormir, je somnole sur le bruit de la télé, dans les effluves d'une bombe insecticide avec laquelle il tente en vain de refouler les moustiques. Ils se coucheront très tard. Le père, une fois lassé de regarder une chaîne dont il ne comprend pas les commentaires, le fils, une fois son service au bar terminé. Je ne dormirai pas. Tout habillé sur le matelas qu'ils m'ont offert, je laisse la nuit aller jusqu'à son dénouement en observant, dans la clarté du jour qui point, les murs qui nous protègent. Monté en briques creuses mal jointes, le retour de cette cloison qui n'atteint pas le plafond met quelques trous à leur disposition pour ranger leurs affaires de toilette. Dentifrice, brosses à dents, rasoir, peigne. Un minuscule miroir pend à un clou. Ils ont même ajouré le mur qui nous sépare de l'autre pièce d'une ouverture à deux arches en ciment. Le début d'une déco, faute de mieux…

Quand je les quitte à six heures trente après avoir mangé avec le père les quelques dattes qui me restaient, je suis ému qu'ils m'accompagnent jusqu'au bout de leur terrain pour me remettre en marche sur les cailloux et la poussière de la piste qui, m'assurent-ils, va me mener droit à la mer. Choukri, en savates, tout maigrelet dans son marcel et dans son short, allume sa première cigarette. Nous nous embrassons en confiant réciproquement nos vies à Dieu. Bien que n'ayant que peu à faire avec ces marchandages, je prononce la formule avec d'autant plus de conviction qu'elle semble chaque fois très appréciée de mes hôtes. Après quelques mètres, je me retourne et regarde le fils et le père, côte à côte, gravir le raidillon qui les ramène chez eux.

En m'éloignant de leur misère, de cette vie rude au quotidien sans joie, je pense au privilège que j'ai de vivre, comme je l'ai toujours fait. De vivre, en vagabond de luxe et laisse couler mes pas sur de larges collines de sable où les arbres se tiennent, de racines en racines…

Pointe après pointe. Crique après plage. Dans la lumière aveuglante, dès dix heures le matin, j'avance. A pas comptés, lourds dans le sable dans lequel je m'enfonce. Plus légers, mais moins sûrs quand je pose mes pieds sur ces vastes étendues de coraux fossiles depuis ces temps anciens au flux desquels la mer s'est retirée. Je suis au cœur des millénaires et des millions d'années. Touchant, grattant, effritant du bout des doigts les concrétions. Admirant l'effondrement des falaises. La patiente érosion des grains de sable au vent mêlés. Laissant au sommet de certaines roches tendres des coiffures de caillasses plus dures. En équilibre au large. Des natures mélangées. Du calcaire, du corail, du granit, du schiste, de la boue, du grès. Des couleurs différentes de blanc, de vieux rose, de grenat, de gris, de noir, d'ocre, de rouille. Nervurés, vermiculés, feuilletés. Sédiments, soulevés, pressés, pliés, fracturés, émiettés, réduits à sable et transformés en coquillages, à nouveau. Echoués près d'un oued tari. Des dépôts, des chaos. Renversés, lessivés, ravinés. Des colères, des silences, des coulées de lauriers-roses. L'incendie des cigales dans les pins qui reviennent. Les bousiers, sans relâche, qui travaillent à rouler leur rocher d'excréments. Les vipères qui m'entendent et me fuient quand je marche au plus près de l'ivresse de la chair au contact des pierres. Dans le souhait que l'on a de comprendre. D'emporter au-delà de la sueur qui aveugle. Ces légers picotements que provoquent les siècles…

Pause. Un coup de chaud aux deux tiers de la montée. Sous le peu d'ombre d'un olivier sauvage. Avant de gravir le dernier kilomètre qui me promet, à l'approche du col, plus de mer, plus de bleu, plus de ciel, si cela se peut encore, jambes en l'air, les pieds sur un buisson de chêne vert, la terre en pente pour dossier, au petit vent qui passe, j'essaie de refroidir. Mes pensées vagabondent…

Loin très loin, de cette frange de pays particulièrement inhospitalière. Plus au sud. A l'intérieur de terres qualifiées par l'empire de grenier. Il y a de cela peut-être deux mille ans. Dans la cité romaine de Bulla Regia. Un artiste poseur de mosaïque a pris le temps de choisir parmi toutes ces roches. La qualité, la couleur, de cinq tesselles, cinq petits morceaux de pierre. Parmi les milliers d'autres que lui offre la nature pour composer son chef-d'œuvre. Cinq morceaux de son âme. Cinq petites tesselles. Pour la courbe galbée du sein gauche de Vénus. La déesse. D'un blanc de lait que l'eau jetée au sol par le guide soudain ravive. Bel éclat de lumière. Comme si la belle sortait à nouveau de la mer. Entourée de Neptune et d'un centaure, tête portant sa couronne buissonnante de pinces d'araignées et d'antennes de langoustes.

Je vais jouir sous la lune d'un bain de mer dans une nuit remplie d'étoiles. Et découvrir en nageant quelques brasses leurs piqûres de phosphore en zigzags. Leurs reflets sur le blanc de mes bras. Une carte de ciel en mouvement dans les ondes poussées par mon corps. Rien ne s'oublie de ces instants qui s'accumulent à faire des kilomètres…

Le soleil qui décline droit devant, côté ouest, puis renaît dès quatre heures au ponant. Le sommeil évanoui dans la fraîcheur, dans la rosée, sous une paillote, que l'on me prête en bord de plage. L'insistance d'Hedly, dix-huit ans, surveillant de baignade, candidat au départ, prêt à tout.

Peu importe le visa, le certificat de logement ou de travail qu'il n'a pas "Emmène-moi jusqu'en France, faut que tu m'aides ! Tu vas écrire un livre ? Mets mon nom dans ton livre !" Partout ce désespoir, ce manque de perspectives si l'on refuse d'être un gardien de chèvres. Malgré cela, la beauté des figures. Ces hommes sous leur chapeau de paille, émaciés, peau cuivrée et ces femmes que jamais je n'approche. Dans leurs robes garance, leurs foulards chamarrés. Gardiennes d'une terre difficile, ancestrale. Juste avant qu'elle ne plonge dans la mer. Rien ne peut s'oublier…

De ce gamin venu me voir manger ma tomate et ma boîte de sardines à l'entrée de son village. Disparu… Le temps qu'il aille chez lui chercher quelques galettes. M'ayant vu du jardin, sa mère voulait me les offrir. Je suis déjà à trois cents mètres de la dernière maison. Il m'appelle. Me court après, me rattrape et me tend les galettes. Très ému, je l'embrasse. Le chemin nous sépare. Je lui lance. A lui, à sa mère, au village, aux collines, un retentissant *"Choukrane !"*.

De ces échanges d'eau, de pain, de fruits, contre une lecture de l'album que j'ai toujours dans mon sac. Lectures de rien qui s'improvisent. Sur une terrasse, un bord de plage, près d'une glacière où des plongeurs tiennent leur pêche au frais. Loups, rougets, poulpes, daurades. Du soin que j'apporte à ma tenue et mon hygiène dans ce périple sans sanitaire où les moustiques proliférant à l'embouchure des oueds me piquent malgré ma vigilance à dormir habillé. La tête enturbannée de mon foulard, le corps engoncé dans ma cape de pluie et chaque main protégée d'une chaussette. Royaume du précaire où le corps souffre forcément. Soutenu du désir de noter, de connaître.

Réfléchir à comment enrayer cette putain de pollution. Omniprésente. Obsédante. En ces lieux pourtant inaccessibles. Surtout, au niveau supérieur des plages où les fortes tempêtes de l'hiver viennent déposer des contenants de toutes sortes. Flacons, bouteilles, bidons, cagettes, bassines, amphores du temps présent qui sacrifie au tout plastique. Traces infimes de pétrole. Jusqu'à d'épaisses couches, en nappes, vicieuses, à remplir failles, trous à crabes et oursins. Interstices de peu où la vie un moment s'interrompt. Sans parler de cette algue qui colonise la Méditerranée. Cette algue au nom de maladie honteuse, la *Caulerpa taxifolia*. Jetée par négligence, dans les eaux de la baie de Monaco, voici quelques années, par des chercheurs peu soucieux d'environnement, œuvrant pour le Musée océanographique du commandant Cousteau. Depuis, de côte en côte, inexorablement, cette algue étend ses territoires. Imposant le silence à la vie, d'ordinaire foisonnante, des courts plateaux continentaux du pourtour du bassin. Bien que le temps nous soit compté, notre folle obstination dans une nature exsangue, de ne jamais avoir aucun scrupule à son égard, ignorant qu'à l'inverse de nous elle dispose du temps. Rien ne s'oublie, mais tout s'efface…

LA NUIT DE *LA FEMMEPLUIE*

> *Marrakech, début septembre*
>
> Case Blanche, c'est mon rempart contre la lumière trop vive. Contre le soleil vorace. Case Blanche, c'est mon refuge. Comme dans une serre, tout y est mesuré, un peu étouffant : supportable. A l'intérieur, les murs sont recouverts d'azulejos bleu indigo, jaune d'or. Le seul mur blanc est celui de l'escalier, du couloir qui mène à l'étage…

L'enchantement de lire un texte décrivant à peu de chose près le lieu même dans lequel vous êtes en train de le lire.

> La maison est noyée dans la chevelure luxuriante des arbres fruitiers…

Dâr Sara, au cœur de la médina grouillante de Marrakech. Havre de paix où je répète avec bonheur, en lisant inlassablement à voix haute, le roman de Chantal Portillo *La Femmepluie*. Jusqu'à ne plus faire qu'un, de sueur, de salive et de peine avec Joseph, personnage central d'un drame qui me bouleverse à chaque lecture.

Est-ce assez, Cantala, comme tu aimes à signer tes e-mails par-delà les frontières qui séparent la rue Pache dans le 11e arrondissement de Paris, là, où naissent en secret tes personnages au creux douillet de ton appartement, si loin, si près, de ces pays où me mènent les "chemins d'Oxor"… est-ce assez, que cette attente interminable pour voir enfin Isabella, *La Femmepluie*, nous revenir après trois ans de ce trop long silence ?

Mars 2001…

Sept heures trente. Au petit matin. Sur le trottoir bordant le square de la bibliothèque de Montreuil. Nous en sortions à quelques-uns, hagards, heureux, totalement hébétés d'une nuit ininterrompue de la lecture de ton roman. Corinne s'étonnait du silence de la ville endormie. Jouissant du doux répit de ce dimanche matin, seuls les oiseaux s'égaillaient dans la ramure des acacias.

Certaines des spectatrices, ton livre serré sur leur poitrine, proche du cœur, dédicacé, repartaient, duvet en bandoulière. Bercées, brassées, noyées au plus profond d'elles-mêmes. Toute une nuit durant de phrases. Entre veille et sommeil. Aux riches heures de l'inconscient. Possible. Bordures faites d'écume. Un naufrage. Sans bruit.

L'une d'entre elles, les yeux rougis, cachait comme elle pouvait les larmes qui l'avaient submergée. Et moi-même, bois de flottage échoué aux premières marches du métro, vidé de toute sève, me retournais sans cesse pour m'assurer que rien ne pouvait advenir de ce que je venais de lire. Qu'Ada, Victor, Dja, Charles, Isa, Joseph et Isabella resteraient personnages d'un livre et que nul n'oserait me poursuivre. Et pourtant, ils sont là dans ma vie, à jamais résonnants du malheur qu'ils sécrètent. Je les veux pour témoins d'une expérience inoubliable.

Passé minuit, bien au-delà de la seconde pause. Comment savoir justement ? Lorsque j'entrai en lecture de la dernière partie du roman, immergé de tout moi-même par l'orifice des yeux dans le corps incroyable du texte, assis, là, dans la faible clarté nécessaire à pouvoir déchiffrer chaque mot sur la page, j'ai perdu tout repère. De l'espace et du temps.

Me parvinrent un instant les profonds ronflements d'une femme, comme une preuve, s'il en était, de confiance, à laquelle dans le noir répondit mon sourire aussitôt effacé par les mots qu'il fallait que je lise…

Le passage des signes à ma bouche s'opérait d'un fluide dont jamais ne m'avait gratifié une lecture à voix haute. Parfois même, il m'a semblé que j'entendais les mots se faire sans parvenir à me convaincre que j'en étais la source. Rien ne pouvait interrompre ce flux, aux heures creuses où les hommes s'allongent, se reposent ou s'enlacent, délaissant le caractère utile de ce qu'ils se persuadent ne pouvoir vivre que debout à la lumière du jour. Inspirée par l'auteur, entre Afrique et Espagne, d'une terre inconnue, une brise soufflait sur les corps allongés ou assis, éveillés, somnolents, dans la salle de prêt de la bibliothèque municipale de Montreuil. Un privilège de marchand de sable.

De loin en loin, le passage d'une mobylette donnait à cette ambiance sa véritable ampleur. Ma voix. Dans la nuit. Dévidait le roman.

Est-ce assez, Cantala, depuis ce temps, d'avoir franchi ces kilomètres ?

Dix-sept heures de conduite dans un vent de désert sur une route de montagne saturée de lumière entre chaumes et villages, saturée de chauffards à nous foutre la trouille, à venir comme des fous, deux de front sans vouloir se rabattre, nous tassant comme on peut sur le remblai disponible qui nous reste, puis, nous prendre à ce jeu et doubler en mettant les pleins phares, klaxonnant comme des dingues, pour leur foutre à leur tour la pétoche et rire jaune de ce jeu de débiles qui fait battre le cœur et ajoute à la sueur dans la chaleur et le goudron déformé par d'énormes ornières sous le poids des camions, des charrettes et des files de bagnoles surchargées de familles algériennes, de Strasbourg, de Bruxelles, de Francfort ou Grenoble, remontant vers Alger où les ventres des ferries les attendent.

Dix-sept heures de folie, commencées aux aurores à ce poste frontière dans la nuit des renards, sangliers, chiens, chevreuils, aveuglés par nos phares au sortir de la garrigue dans laquelle leurs silhouettes replongent, où chacun des douaniers du côté tunisien nous dira, répétera, martèlera : "L'Algérie, méfiez-vous, l'Algérie n'est pas sûre…"

Et nous, d'attendre qu'enfin le jour paraisse, inquiets de la rumeur, du risque hypothétique du faux barrage et des images que la télé nous diffusait voici trois ou quatre ans, du terrorisme aveugle, pour être enfin rassurés par les premières scènes de la vie quotidienne que le jour se levant nous laissa découvrir. Hommes et femmes, dans les chemins, aux bas-côtés des routes, tous à pied, se rendant au travail des champs, pour cueillir bien avant la fournaise, les mains pleines de rosée et de terre, des melons, des pastèques, des piments, des concombres, ou bien bergers au cul de leurs bêtes donnant quelques coups de bâton.

Trois semaines à Tabarka en Tunisie, à moins de huit kilomètres de l'Algérie, trois semaines, à attendre que l'ambassade de cette dernière veuille bien nous délivrer notre visa destination le port d'Alger d'où nous voulions prendre le bateau pour Alicante en Espagne, puisqu'il nous était impossible de rallier le Maroc par voie terrestre. Trois longues semaines d'une insidieuse paranoïa. Est-ce assez, que ces frontières fermées entre pays arabes et ces rumeurs entretenues nous incitant à rebrousser chemin pour mieux garder la manne de nos devises ?

Lassés de la grandeur des eaux que le bateau creusait, mes yeux n'ont pas quitté le plafonnier de la cabine 228, dans le reflet duquel j'aurais voulu réduire tout mon voyage à la portion congrue de cette mer en miniature qui défilait au-dessus de ma tête. Les pieds posés sur le rebord de la couchette, le vent passait par la fenêtre ouverte et je laissais aller la côte jusqu'aux manœuvres d'accostage avant les longues formalités portuaires dans le bordel des véhicules tellement pressés d'en débattre.

Alors, j'éviterai le regard des anciens, de ces vieux Algériens qui s'en retournent vers l'automne, là-haut, avec toute la famille, le barda, les gamins, la belle-fille ou le gendre et les achats faits au pays arrimés sous des bâches sur le toit de la voiture. Les réseaux d'autoroutes qui attendent leur fatigue jusqu'aux villes du Nord, de Belgique, voire d'Allemagne. Les ados pleins de gouaille, de petite frime à Reebook, ma casquette vient de chez Nike, impatients de retrouver cette vie qu'ils ont faite leur, loin de la langue grand-maternelle, regardant les cousins de profonde Kabylie, leurs villages de poussière, du même regard que celui des touristes trouvant du pittoresque à leur misère. Chassé-croisé des deux rives d'un monde parlant à plusieurs bouches d'une seule et même envie de vivre. Peu importe la manière…

Que le soleil les cogne ou que la pluie les gifle, rien ne sépare vraiment ces hommes, ni les ports, ni les villes, Alger, Marseille ou la terrasse du café *Le Tipasa* à vingt mètres de chez moi, dans le 20e arrondissement de Paris. De quelque bord que l'on soit de la mer, c'est indifféremment que l'on brûle ses lèvres à ces tasses de thé vert que les garçons vous servent en allongeant le jet de la théière, la soulevant et l'abaissant d'un geste plein de souplesse. Pour nous, les riches, d'adoption ou de souche, les traversées sont impalpables et de l'ordre du songe, rien n'y fait pour les rendre tangibles si ce n'est le tampon du douanier, qui à notre goût traîne un peu à tomber sur la page du passeport. Car passeport nous avons pour franchir les frontières…

Pourtant, que tout diffère de chaque côté de cet abstrait trente-sixième parallèle. D'un côté, l'à-peu-près, la débrouille, la déglingue, l'impossible gestion des déchets, et, de l'autre, l'opulence fonctionnant propre sur elle à une heure de ferry juste en face. Toutes ces femmes côté sud qui se baignent habillées, entravées, gandouras ruisselantes quand elles sortent de l'eau, et, de l'autre, cette jeunesse espagnole tellement libre de jouir, femmes et hommes dans les vagues et le vent, s'élevant dans les airs à la force de l'aile épanouie de leurs parachutes ascensionnels, enfants d'Icare et de Neptune grouillant dans des éblouissements fluo. Occultés par le culte, tous ces corps maghrébins opposés à ce culte du corps en Europe. Est-ce assez, de franchir à nouveau ce détroit ?

Ligne de tous les espoirs. Ligne de tous les dangers. La misère de l'Afrique étranglée au partage des eaux entre mer du milieu et le large Atlantique. Chaque année, ici, meurent des centaines, des milliers de clandestins sur canots pneumatiques, dans leur vaine tentative de franchir ces courants titanesques, de préférence la nuit, par temps de brume ou de brouillard, pour mieux échapper aux patrouilles des garde-côtes espagnols, et ce moyennant des fortunes pour graisser les passeurs. D'anonymes naufrages, qui n'ont que le soleil au matin pour éclairage, sur les débris de barques et les corps lacérés sur les roches de la pointe de Tarifa, là où glissent de libre dérive les dauphins et les orques sous les yeux des touristes, à l'inverse, qui paient trois fois rien le frisson placebo.

Est-ce assez d'être un simple lecteur des contrastes du monde sans ne rien pouvoir faire ?

Cantala Portillo, l'Andalouse africaine, aux métisses écritures qui nous dicte la route. Nous nous rendrons jusqu'au patio du dâr Sara dont rien ne présuppose la volupté sereine quand on s'engage dans les ruelles ombreuses de la médina de Marrakech. Ces hauts murs sans fenêtres se gardant du soleil, tout, dans l'art de casser les rayons implacables du ciel en d'obliques et poudreuses draperies de lumière, défendant des regards le passage des heures dans l'espace familial, jusqu'au soir, où, la nuit, de terrasse en terrasse, soutenue d'un vent tiède, se permet de fixer des étoiles au-dessus des antennes. La lune décroissant, de peu, émerge d'un rideau d'arbres, et d'alvéole en alvéole, rucher horizontal, les patios s'organisent. Ici, cet homme qui prie près d'une brassée de menthe qu'à l'instant il triait, sa gamine pieds nus sur les carreaux du sol, mosaïque alternée de crosses et de cercles, aux couleurs disparues du côté diagonal opposé à la lampe d'une pièce qui n'éclaire qu'une partie de la cour, où sa femme prépare un repas de galettes.

De ce jour qui s'achève, viennent mourir aux portes closes la douce exhalaison des ateliers de cuir où se dessinent, puis se découpent et se cousent, sandales et babouches, l'odeur poivrée du cèdre dont on s'enivre quand l'ébéniste couche les souvenirs de l'arbre dans son projet de planche, celle du ciment des bâtiments que l'on restaure mêlée au crottin de toutes ces bêtes de somme, mulets, chevaux, esclaves résignés et muets qui sillonnent la ville sous les coups de leurs maîtres pleins de hargne naturelle et normale, semble-t-il, de la part d'un homme à l'égard de l'animal…

Et demain, à dix heures, assis près du bassin où flottent rouges et blanches quelques roses coupées, ma reprise du texte à la table dans les bruits familiers que fait la jeune femme chargée du service au *riad*.

Afin de nous mettre réciproquement à l'aise, je lui donne quelques précisions sur le roman que je lis à voix haute, ultime répétition à la nuit de *La Femmepluie* qui se prépare au dâr Chérifa pour lequel elle travaille. Qu'il s'agit d'un roman d'amour, triste, ce à quoi elle me répond que cela s'entendait un peu, à la voix. Les citronniers du patio bruissent d'oiseaux, qui, non contents du tintamarre qu'ils font, constellent le sol de centaines de chiures que Fatiah, chaque jour, nettoie à grande eau.

J'en suis à la page 9 :

> A la surprise générale, je travaillais, j'étais même brillant. J'eus mon bac à quinze ans. On ne me l'avait pas demandé…

Le bref grelot d'un écoulement m'interrompt. L'eau que Fatiah a répandue sur les dalles pour ramollir les chiures, par gravité, vient de rejoindre la rigole qui tourne autour du bassin. Elle passe le balai, puise l'eau à l'aide d'un seau, ajoute un peu de détergent bleu qui fleure le frais, le propre, rince le sol…

> Arriva la valse mutine, l'essentiel était contenu dans l'adjectif, ma mère craignait pour moi, si novice…

Page 12, 15, 16, 17…

> Nous mangions en silence…

Je lui pose la question du repas que nous aimerions prendre tous ensemble réunis avec l'auteur, le lendemain de la lecture. Ce peut être un couscous, me dit-elle, que son amie prépare aussi de délicieux tajines, et que c'est à moi de voir. Les oiseaux sont partis, je perçois d'autant mieux le bruit sec des feuilles de la bougainvillée quand elles arrivent au sol. Puis, Tom traverse la page 28 : "Si tu t'entraînes, tu t'arrêtes, t'as dit que tu t'arrêterais à chaque appel à la prière." La déferlante des muezzins m'a surpris, perdu que j'étais dans les échos du texte :

> Les fouilles avançaient. Les résultats m'impressionnaient. J'épousai l'enthousiasme des chercheurs…

Pages 29 et suivantes, le bassin peu à peu s'est vidé, laissant au fond les roses échouées. Fatiah le nettoie des feuilles indésirables, puis ouvre l'eau qui soulève les roses à nouveau, derviches de pétales rouges et blancs.

> Ada étouffe un sanglot. Se relève. Elle s'assoit devant sa coiffeuse. Yeux clos, elle refait son chignon, bien serré. Le gong la surprend. Elle se redresse. Elle s'est oubliée…

Avec l'aide des arbres, des ramures emmêlées du patio, le soleil distribue sur le sol, les coussins et les tables, des ocelles de lumière qui cercles à cercles se joignent, et, peu à peu, grignotent l'ombre sur la page 45.

> Et la nuit qui approche…

Cantala, je te laisse la parole :

> … Ce carré de ciel, il est demeuré, tout au long de la nuit, la marque du temps qui passait. Avec les ombres qui se sont amoncelées sur le front, sous les yeux, sur le visage de Marc, vêtu de noir, installé, plutôt calé sur deux larges coussins, sur un canapé d'angle, bras appuyés sur un minuscule et rond guéridon en fer forgé, les mains soutenant *La Femmepluie*, avec les pages du livre qu'on ne l'entendait pas tourner, sous une lampe de fortune, modeste lampe de bureau noire avec ampoule de 25 watts pour ne pas éblouir, pour ne pas se brûler. Des heures sous la lampe,

Marc. Avec ta voix qui ralentit. Avec ta fatigue qui grandit. En face, nous étions assis, blottis dans les coussins épars, sur les douillets tapis. Insensiblement alanguis, dans le rêve. Sauf Paolo. Assis droit. Très beau. Jusqu'au matin. Dans une extrême attention.

Après les deux premiers chapitres : Joseph, l'homme à plume sans langue et Ada, première pause. Thé à la menthe, gâteaux salés, sucrés et chauds, quelques regards, peu de mots. "Ne pas trop sortir de l'histoire, m'a dit une femme. C'est dur de regarder, on est plutôt dedans, avec eux." Certains sont partis, très discrètement. Et nous sommes entrés au cœur de la nuit (...) Deux autres chapitres.

L'arrêt sublime, tête baissée de Marc, pendant l'appel à la prière du sommet du minaret de la Koutoubia, la mosquée des Almohades. Longue et lente mélopée qui s'inscrit au fur et à mesure dans chaque fibre de mon être et dont je voudrais écrire chaque mot, à ma manière... Tête levée vers le ciel. Je vais les écrire...

Les yeux fixés sur Marc, le lecteur, qui ce soir est tous les personnages à la fois, et l'émanation de l'auteur, oublié, blotti dans son coin. D'abord qui est l'auteur ? Et est-ce important qu'il existe, qu'il soit là ? Mais je suis là, les yeux fermés, les yeux ouverts, dans une étrange immobilité de porcelaine, ou arpentant un coin de chambre quand les larmes viennent, que le frisson me fait chavirer. Je suis là pour écouter, partager avec ceux qui rêvent, vivent l'histoire, qui luttent contre la fatigue, qui se laissent glisser dans les rets du sommeil, dans de brusques réveils… "Et Charles ? Isabella ? Ah, elle est partie ?" Quelques chuchotements, très peu, l'émotion est si présente. Elle est palpable. Corinne prend des photos, change la cassette d'enregistrement. Elle lutte contre sa propre fatigue. Ma sœur s'est allongée. Rémi aussi. Et des inconnus au visage concentré que j'aimerais bercer. Tom dort enroulé dans un châle, il se découvre, je le recouvre de mon grand gilet noir. Le lutin dort, sa frimousse éclairée par les bougies…

Il a dormi jusqu'au réveil de l'aube que je guette, épuisée, comme une délivrance, le regard rivé sur le visage de Marc. Quand s'est-il mis à ressembler à Joseph ? Au moment où sa voix a tremblé ? Elle va se briser ? Les traits tirés, les yeux si tristes, Marc. J'attends les derniers mots du roman, les mots d'Isabeau que j'avais occultés, comme j'attends l'aube et la promesse d'un espoir…

Sept heures trente, le 11 septembre 2004, "Et elle berce l'orage, les éclairs et la pluie… Je n'oublierai pas…" Silence… La voix s'est tue. La voix de Marc. La voix d'Isabeau. Silence. Il fait grand jour. Marc a souri. Nous nous sommes regardés. Il a fermé le livre (…) *La Femmepluie*, deux années d'écriture, et bien plus de ma vie. Il allait bien ce texte avec les murs de la ville qui saigne…

LA PLACE JEMÂA EL-FNA

Marrakech, mi-septembre

Une pompe, un muscle, un cœur au cœur d'une ville aux murs qui saignent. Une place, *la* place Jemâa el-Fna…

Jadis, ici, tranchait, pendait, l'autorité en place sous les yeux ébahis, horrifiés mais friands de ceux qui, rassurés de se savoir toujours entiers, ensemble, en vie, passaient du spectacle des suppliciés à ceux des charmeurs de serpents, dresseurs de singes, ou jongleurs acrobates comme aujourd'hui l'on peut toujours les applaudir.

Jemâa el-Fna, sans cesse, propulse dans les moindres artères de la ville qui l'entoure, aspire de ses moindres venelles, les rythmes de la foule, des piétons, Marrakchis ou touristes, bousculés par le flot des voitures, des taxis, des carrioles, des calèches, camionnettes, mobylettes, bicyclettes, triporteurs ou charrettes à bras. Tout ce qui roule, se tire ou se pousse, à chaque heure, jusque tard, y retourne, y séjourne, s'y décharge ou s'y charge, en repart ou en vient. La vorace immobile fait de tout ce qui bouge son orgie quotidienne.

Or, depuis mai 2001, à l'instigation du plus ardent de ses défenseurs, l'écrivain Juan Goytisolo luttant contre les visées immobilières qui voulaient faire d'elle un parking, la place Jemâa el-Fna de Marrakech est déclarée par l'Unesco : "Patrimoine oral et immatériel de l'humanité." S'agissait-il d'un acte de naissance ?

Très fortement impressionné par le lieu, sa culture, son histoire, la puissance qu'il dégage, je me demande si je puis y risquer un moment de lecture. Frustré que je suis, d'un tour presque complet de la Méditerranée sans avoir pu, en tant que lecteur public, me poser une seule fois sur une place en plein air. Faute d'audace ou bien de liberté ? Malheureusement de la seconde, la grande absente de la plupart des pays traversés tout au long de ce voyage.

Déconseillé, par mes hôtes dans les rues piétonnes enneigées de Sarajevo. Courtoisement refusé, par les autorités françaises dans la rue populeuse d'Istiklal dans le centre d'Istanbul. Accueilli par un grand éclat de rire, par des professeurs de français en Lybie en tenue de soirée littéraire. Etait-ce plus pour me protéger d'un quelconque incident que par crainte d'une censure supposée ?

Je me rendrai place Jemâa el-Fna, non pas avec des intentions de guérisseur, ils y sont déjà en nombre et tous champions d'une poésie désarmante. Comme ce remède qu'on recommande à certaines pour réduire la grosseur de leurs seins, consistant à se frapper sept fois la poitrine avec les babouches d'un célibataire. Fi de mes complexes ! Je m'y rendrai avec l'envie de faire le cercle, ce qui s'appelle en arabe faire la *halqa*. Mais, pour avoir lu et relu avec avidité les vingt dernières pages de *Makbara* de Juan Goytisolo, qui rend si bien, par le choix même d'une écriture sans point ni majuscule, ce qui se passe en cet endroit, pour avoir lu ce court chapitre intitulé "Lecture de l'espace à Jemâa el-Fna", je m'accorde un sursis, j'hésite encore, les conditions sonores, entre autres, sont redoutables…

La place est envahie, pour une bonne part, par de nombreux vendeurs de jus d'orange tous équipés d'un groupe électrogène, du reste, comme les soixante ou soixante-dix restaurateurs mobiles, chacun ayant son numéro, qui, tous les jours, en fin d'après-midi à la tombée du soir, viennent y dresser autant de petites scènes afin d'y jouer les répertoires de la cuisine marocaine, à la fois simple, délicieuse et bon marché. Une longue estrade sur laquelle ils présentent des montagnes de légumes préparés en salades, en beignets, de la viande de mouton ou de bœuf prête à cuire, des frites, du couscous, de la *chorba*, des pastillas au pigeon, des brochettes de foie de volaille ou d'agneau, toute nourriture appétissante et fraîche qui, sous de grosses ampoules, brille de mille feux éclatants.

Avec un coin pour chaque spécialité, ici, pour les goûteurs d'escargots, là, les mangeurs de cervelle, de tripes grasses, mêlées de moelle, coupées menu, que l'on saupoudre de sel de mer aux herbes et que l'on sert avec une pomme de terre à la vapeur pour éponger la graisse. Dans les nuages de fumée des cuissons, les aboyeurs rabattent vers leur stand fait d'un carré ou d'un rectangle de tables étroites la clientèle indécise qui flâne de l'un à l'autre, la salive montant à la bouche ou la main sur le ventre signifiant : "Non merci, vos collègues du 35 m'en ont mis plein la lampe !"

Passé ce périmètre, à lui seul occupant la moitié de la place, encore faut-il que les conteurs patentés cohabitent avec la phytothérapie de l'appareil digestif de Saïd Aadel, avec celle qui vous redresse un pénis fatigué, vous montrant deux photos, le pendant et l'après, les diseuses de bonne aventure, les tireurs de tarots, les maquilleuses au henné, les mendiants, dans une répartition millimétrée de l'espace et le bruit mélangé des joueurs de percussions, des danseurs gnaoua, tout cela relevant plus d'une kermesse orientale que d'un *patrimoâaaaanne* étiqueté oral et immatériel.

Pour le moins fasciné par cette vie débordante, en goûtant le plaisir d'y noyer mes repères, j'y retourne tous les soirs. En silence, j'observe ce que Goytisolo a su si bien écrire :

> … féroce concurrence de la *halqa* : coexistence d'appels multiples, simultanés : libre abandon d'un spectacle pour la nouveauté, l'excitation de l'attroupement voisin : obligation d'élever la voix, d'argumenter, de trouver le ton juste, de parfaire l'expression, de forcer la mimique qui capteront l'attention du passant ou déchaîneront irrésistiblement les rires : immobiliser, distraire, séduire une masse éternellement disponible, l'attirer peu à peu dans un territoire précis, la distraire du chant des sirènes rivales, lui arracher enfin le dirham étincelant qui récompense virtuosité, vigueur, obstination, talent…

"Un verre de thé, bien brûlant s'il vous plaît !" avant de me glisser de cercle en cercle, je voulais de la monnaie.

Formant le premier rang, accroupis, les talons sous les fesses, ou assis sur un bout de carton qu'on se passe en relais entre ceux qui arrivent et les autres qui partent, essentiellement des hommes, du gamin au vieillard. Trente personnes, minimum, parfois cent, voire deux cents, selon les artifices d'accompagnements musicaux employés, petit orchestre ou chœur de voix complices, font cercle, assises, accroupies, debout, en ondes successives autour de la parole souvent réduite à sa portion congrue. Rares sont ceux des conteurs que j'ai pris le temps d'écouter à rester cantonnés dans la simple efficience du récit. Tous évoluent plus volontiers vers un café-théâtre visuel ou vers le duo de clowns ponctué d'histoires de fesses faisant glousser le plus grand nombre et crouler de rire la foule des plus vieux aux plus jeunes, plus le trait est forcé. Sans comprendre le fin mot de chaque histoire, sans saisir les subtiles connivences qui font vivre le cercle, par les gestes, la rythmique des pas, le frappé dans les mains, l'invective, la relance, le phrasé, les mimiques du conteur, ses bruitages, le silence ou les répons scandés des spectateurs, au-delà des barrières de la langue et d'un regard qui vaut ce qu'il vaut quand il vient de si loin, je regarde et j'écoute opérer la magie, j'applaudis et j'admire.

Cependant, en mon for intérieur, je m'inquiète de l'avenir de ces hommes, bêtes de scène s'il en est, mais aussi animaux de réserve. Selon Goytisolo :

> Pour cette génération de conteurs, la bataille de la culture orale primaire est, à l'évidence, perdue d'avance. En revanche, celle qu'ils livrent depuis plusieurs décennies, dans des conditions de plus en plus difficiles, pour une culture orale hybride, est décisive. Elle consiste à intégrer dans

> son combat cela même qui semble la menacer : les livres. La lecture (comme sources) est donc essentielle dans le renouvellement de la pratique des conteurs…

Y aurait-il une brèche dans laquelle s'engager pour surseoir à cet acte de décès ? Depuis longtemps, j'y crois et le pari de la mutation me semble séduisant. Que l'on vienne du sud ou du nord, la question doit nous être posée. Lire-écrire la parole, sans oser se la dire ? Ou bien, se contenter de la dire, sans la lire ni l'écrire ? Ne serait-ce pas mieux de la dire, de l'écrire et la lire dans le désordre indifférent qu'on veut ? Car l'écrit pourrait mourir à son tour à vouloir trop renier un oral qui lui doit son déclin. L'un ne pouvant aller sans l'autre à l'heure où nous en sommes. Sinon pourquoi, depuis plus de dix ans maintenant en France, ce regain d'intérêt pour les lectures faites à voix haute ?

Juste noué de ce qu'il faut d'appréhension, le troisième soir, je veux plonger dans l'alchimie du cercle qui tous les jours s'invente ici et qui m'intrigue jusqu'à remettre en cause certaines de mes pratiques. En France, d'ordinaire, ou ailleurs, je cherche toujours une façade, un tronc d'arbre ou un mur selon l'endroit et son contexte urbain afin d'y prendre appui et de là m'adresser au public. Rien de cela sur la place Jemâa el-Fna, du vide autour de soi, il faut créer le cercle.

Il est seize heures, je pose mon sac en haut de la place, avec présents dans mon esprit les cercles respectifs des conteurs de la veille sur lesquels je ne veux pas empiéter. A mi-distance de l'entrée de la mosquée et de la terrasse du *Café de France*, première des choses, je défais mes chaussures. Loin de me dénuder, cet acte, au contraire, me rassure et me permet sans faire de phrase d'être là où il faut, directement en phase. Le sol aussi a des choses à nous dire.

Redoutant d'affronter ce puissant brouhaha, nerveusement, je me racle la gorge, je déglutis la peur que j'ai de faire un bide. Tendu, je jette un premier livre sur le pavé de la place. Baudelaire. Un second. Erri de Luca. Qui sait si l'occasion me sera donnée de les lire ? Par un timide essai de voix, il me semble qu'elle porte au-delà des trois mètres nécessaires au confort du badaud qui voudra s'arrêter. Puis, je dispose par ordre de taille mes albums, en deux arcs de cercle, leurs couvertures rigides aidant, m'appliquant à les faire tenir debout, entrouverts, initiant par là même le début d'un espace. Je n'ai pas encore dit un seul mot qu'un enfant, appuyé au guidon de son vélo, s'installe à quelques mètres en face de moi.

"*Salamalékoum !* Bonjour !

— *Malékoumsalam !"* Il met la main sur son cœur.

D'autres enfants le rejoignent, un adulte intrigué. Ici, point besoin d'artifice, le public se forme rapidement. Tout d'abord il s'enquiert de savoir ce que c'est et après il s'installe ou il part de manière naturelle, faisant preuve d'une curiosité que le piéton de ville en France ne vous accorde qu'après de grands efforts de racolage, engoncés que nous sommes dans cette méfiance qui nous vient d'une parole n'osant plus se donner. Paradoxal dans un pays de liberté, non ?

Mieux vaudrait réfléchir à ce rapport au temps qui diffère entre ceux coutumiers du soleil et nous autres, à frigo tempéré. A la générosité qu'ils ont qui nous fait tant défaut. Je cherche. Pourquoi dire que le temps c'est de l'argent ? Ils ont le temps, n'ont pas d'argent. Nous en avons sans prendre le temps. De chaque peuple se nourrir du meilleur qu'il parvient à devenir, écarter ses erreurs apparentes. Sale manie de voyage que vouloir comparer, noter les différences pour amoindrir les incompréhensions.

> Il était une fois un ogre, un vrai géant, qui vivait tout seul. Comme la plupart des ogres…

La lecture de la première page du *Géant de Zéralda* de Tomi Ungerer, accompagnée de son illustration suggestive…

> … il avait des dents pointues, une barbe piquante, un nez énorme et un grand couteau…

… provoque enfin l'attroupement que je souhaitais.

J'ai choisi de m'asseoir sur mon sac à dos plein des passeports bleus d'Oxor contenant la nouvelle de Mohamed Choukri *Les enfants ne sont pas toujours fous*. Dix paquets de trente devraient suffire. A la comptine que je chantonne d'une voix tonitruante : "Craque et croque, si maintenant je rencontre quelques enfants, je les dévore à belles dents !" le cercle s'est étréci, et comme du fond d'un puits je ne vois plus du ciel qu'un disque crénelé de têtes nues ou coiffées de turbans, de chéchias, de casquettes, tous visages impatients de connaître la suite…

Au milieu de ces corps immobiles dans l'écoute, coupés du reste des mouvements incessants de la place, s'est formé comme un ventre dans lequel je me sens protégé, à mon aise. Il n'y a que des hommes. Chez nous, ce sont les femmes qui s'arrêtent, les hommes ont toujours mieux à faire.

J'aimerais tant devenir polyglotte ! Heureusement que les images accompagnent le texte difficile à comprendre en français, pour la plupart. Tous mes albums y passent, *La grenouille qui avait une grande bouche* de Keit Faulkner, *Papa, fais-nous peur !* de Pierrick Bisinski, *Oh ! C'est à qui ?* de Grégoire Solotareff… Des petits vendeurs de serpents en plastique et de colliers en toc se sont glissés au premier rang, ils n'en perdent pas une miette. Au moment de remettre à chacun son passeport, c'est l'émeute, il m'en aurait fallu dix, minimum, par personne !

Très gentiment, un spectateur s'essaie à traduire la nouvelle de Choukri dans sa langue d'origine. L'exemplaire que j'avais en arabe s'est perdu en Bosnie... Accroupi l'un près de l'autre, à grand renfort de gestes, nous dessinons des mots qui passent d'une langue à l'autre. Un garçon lycéen nous apporte son concours. Tentative laborieuse. Pourtant, je ne perçois nulle impatience parmi les auditeurs. Au contraire, nous parlons de l'auteur, de son parcours qui est aussi celui d'un peuple, que l'on peut lire dans un récit autobiographique intitulé *Le Pain nu*. Un spectateur, un seul, me dit connaître cet auteur, pour les autres, un illustre inconnu...

Puis, souhaitant revenir à de plus fantaisistes humeurs, je propose de relire un album. Présente ce jour-là, Corinne, munie de son magnétophone, s'était mêlée aux spectateurs. Un appareil tellement discret que personne ne put la voir enregistrer la scène qui a suivi. J'en reproduis les dialogues, ici, tels quels...

Moi, cherchant sur le sol *Le Géant de Zéralda* : "Il est où le *Géant*, *Le Géant de Zéralda* ?" Je soulève un à un les bouquins que la cohue précédemment a malmenés. "Il y avait le livre, *Le Géant de Zéralda*, je vais le lire le *Géant*." Un spectateur pointe du doigt une couverture.

Moi : “Non, non ! Le *Géant*, s’il vous plaît ?”

Le même, un chouïa agressif : “Cherche, cherche, cherche ! Personne n’a rien touché.”

Moi : “Non, non ! Il était là, il a disparu.”

Lui : “Il est pas dans le sac ?

— Non, non ! Je l’ai lu tout à l’heure. C’est pour les enfants, les livres”, et, m’adressant à la foule : “Demandez si le livre le *Géant* peut revenir !”

Corinne, à un homme qui vient juste d’arriver : “Il y a un livre qui est parti.”

Lui : “Lequel ?”

Corinne : “Le *Géant*.”

Moi : “Allez, le *Géant*, tout le monde : *Le-Gé-ant ! Le-Gé-ant ! Le-Gé-ant !*” J’essaie en vain d’entraîner l’auditoire, peine perdue, ça ne prend pas…

Un autre spectateur : “On m’a dit qu’il y avait un monsieur âgé, il était assis à côté. C’est lui qui l’a pris, je crois. Un monsieur âgé avec une barbe.”

Corinne : “C’est son outil de travail, si vous le voyez ce monsieur âgé, il faudra lui demander qu’il le rapporte.”

La surprise à présent dépassée, me tournant vers la médina, je crie : “Le *Géant* a disparu ! Il faut le rattraper !”

Mais le cercle s’est défait, mon jeu n’amuse personne. Je me relève et réunis les derniers livres épars en écoutant à quelques mètres une dizaine d’hommes en pleines palabres :

“Il fait ça gratuitement pour rendre les gens heureux. En plus, il a distribué ça.” L’un d'entre eux montre son passeport : "Les Marocains ne peuvent pas faire ça !"

Corinne : "C'est la première fois depuis quinze ans, personne ne lui a pris de livre."

Contrarié, un monsieur : "Oh, là là ! C'est mauvais ça, c'est mauvais ça ! C'est mauvais pour le Maroc !"

M'approchant d'eux, je leur dis : "J'espère que celui qui a pris le *Géant* en aura du bonheur et le racontera à qui veut."

Bien sûr, les mots sont maladroits, mais c'est ainsi qu'ils sont venus. Dans ces moments tout va très vite. Cette fois, je termine de ranger tous les livres dans mon sac, je remets mes chaussures. Un jeune se baisse vers moi : "Tu racontes ?"

Moi, d'un coup, vidé de toute l'énergie que j'avais à l'instant : "Ah, ben non, je ne raconte plus, on prend mes livres… Je ne raconte plus…"

Ma tristesse est de courte durée, car, déjà, je *me* raconte une merveilleuse histoire. Celle d'un monsieur très âgé, avec une barbe, qui pour faire une surprise aux enfants de son quartier a pris l'album du *Géant*. Et le *Géant* cavale à travers toute la médina, de ruelle en ruelle, emportant dans ses bras le vieux monsieur qui lui donne en secret son adresse.

Les ménagères en gandouras s'étonnent des pains tout chauds sortis du four qui disparaissent du plateau qu'elles portent sur la tête. Mais pourquoi ce vendeur court-il derrière ses pastèques ? Un âne chargé de deux panières ruisselle de feuilles de menthe, de toute sa gorge il brait. Un couturier s'est piqué le doigt. Une gamine en pyjama revient de chez l'épicier avec un sac de fèves, mais où va-t-elle ? Un chauffeur est sorti de son taxi sans s'expliquer d'où est venu le choc. Il tient en main l'un de ses rétroviseurs et se regarde vieillir au milieu de l'histoire. La médina s'enfonce dans la magie des quinquets qui s'allument çà et là. Tout est cuivre, étincelant, poussiéreux de mystère. Dans le fond d'une cour, une porte est ouverte, il y a plein d'enfants. Sur les nattes, sagement, ils écoutent un vieil homme qui lit *Le Géant de Zéralda*…

ÉPILOGUE

Aux premières heures de ce voyage, nous nous posions tant de questions, celle-ci du moins valait d'être posée : "Glisserions-nous dans le regard des sédentaires l'idée qu'avec un livre il soit possible d'aller vers l'autre ?"

Daté du 23.9.2004, ce courriel est peut-être une réponse :

Bonjouuuuuur !! Avant tout, je dois me présenter, Rekhis Mayssa, l'une des participantes au stage des jeunes écrivains à Djerba en Tunisie et l'une de vos auditrices, celles qui ont beaucoup aimé votre monde, et qui en sont fascinées même ! J'ai eu votre e-mail adresse de M. Yves... C'était juste pour vous dire à quel point j'étais et je le suis encore émue de vous rencontrer... Vous m'avez fait aimer votre passion ! Et je me suis même décidée à faire de la lecture aux enfants malades d'un hôpital qui n'est pas très loin de ma ville... Je n'ai pas encore commencé mais j'espère que ça sera très bientôt… Et des fois ça me passe par l'esprit le fait de devenir lectrice publique ! Mes parents et amis s'en moquent… Moi je crois que ça fait partie du rêve plus que de l'espoir ou de l'avenir… Vous voyez, pour moi c'est tellement féerique que ça ressemble au rêve d'être une princesse un jour ! Mais qui sait ?… Je tenais aussi à vous demander si ça ne vous gêne pas bien sûr qu'on reste en contact… Merci pour nous avoir ouvert les portes du plaisir de lire aux autres… et à soi-même, à haute voix… Bonne journée ! Mayssa

L'ouvrage d'être en soi ouvert au monde requiert, quand on s'endort, de se trouver un marque-page. Souhaitons d'aller dormir du plaisir plein les bras. Puis, au réveil, sachons d'instinct où le soleil se trouve. S'orienter, se tourner vers l'est et par extension dans une direction déterminée. Contraire, s'égarer. Est-il possible de s'orienter sur les chemins par la lecture, sachant que le soleil se couche à l'ouest et que nombreux nous nous tenons en direction d'Oxor ?

La mystérieuse Oxor est-elle une île ? Une cité du monde antique ? Une ville immense que nous réserve le futur ? Nous avançons des hypothèses. Rives d'Orient et d'Occident. L'imaginaire et le réel…

BIBLIOGRAPHIE

Ivo Andrić, "Les Ponts", traduit du serbo-croate par Mireille Robin in *Quantara*, revue de l'Institut du monde arabe (Paris, avril 1994).

Ivo Andrić, *La Chronique de Travnik*, traduit du serbo-croate par Pascale Delpech, Le Serpent à Plumes, collection "Motifs" (2005).

Guillaume Apollinaire, *Poèmes à Lou*, Poésie/Gallimard (2004).

Roland Barthes, *Fragments d'un discours amoureux*, Seuil (1977).

Charles Baudelaire, "L'Etranger", in *Le Spleen de Paris*, Le Livre de Poche (1994).

Pierrick Bisinski, *Papa, fais-nous peur !*, L'Ecole des loisirs (2000).

Ray Bradbury, *Fahrenheit 451*, traduit de l'américain par Jacques Chambon et Henri Robillot, Denoël (2003).

Paul-Jacques Callebaut, *Les Mystérieux Druzes du Mont-Liban*, La Renaissance du livre (2000).

Italo Calvino, *Les Villes invisibles*, traduit de l'italien par Jean Thibaudeau, Seuil (1996).

Italo Calvino, *Le Baron perché*, traduit de l'italien par Juliette Bertrand, Seuil (2002).

Jean-Pierre Chabrol, *La Soupe de la mamée*, Librio (1995).

François René de Chateaubriand, *Itinéraire de Paris à Jérusalem*, Garnier-Flammarion (2002).

Mohamed Choukri, "Les enfants ne sont pas toujours fous", in *Le Fou des roses*, traduit de l'arabe par Mohamed el-Ghoulabzouri, La Découverte (1992).

Mohamed Choukri, *Le Pain nu*, traduit de l'arabe par Tahar Ben Jelloun, François Maspero (1997).

Mohammed Dib, "Un beau mariage", in *Au café*, Babel, Actes Sud (1996).

Thierry Fabre, *Traversées*, Actes Sud (2001).

Keith Faulkner, *La grenouille qui avait une grande bouche*, illustrations Jonathan Lambert, adaptation française de Héloïse Antoine, Casterman (1996).

Bernard Friot, "Mon chou", in *Nouvelles histoires pressées*, Milan Poche Junior (2003).

Jean Giono, *L'homme qui plantait des arbres*, Folio (1996).

Juan Goytisolo, *Makbara*, traduit de l'espagnol par Aline Schulman, Seuil (1982).

Homère, *Odyssée*, La Découverte (2004).

Jean-Claude Izzo, *Les Marins perdus*, J'ai Lu (2002).

Miljenko Jergović, *Le Jardinier de Sarajevo*, traduit du bosniaque par Mireille Robin, Babel, Actes Sud (2004).

Ghassan Kanafani, *Retour à Haïfa*, traduit de l'arabe par Jocelyne et Abdellatif Laâbi, Actes Sud-Sindbad (1997).

Ibrahim al-Koni, *Poussière d'or*, traduit de l'arabe par Mohamed Saad Eddine el-Yamani, NRF Gallimard, collection "Du monde entier" (1998).

Ibrahim al-Koni, *Le Saignement de la pierre*, traduit de l'arabe par Pierre Bataillon et François Zabbal, L'Esprit des péninsules (1999).

Ibrahim al-Koni, *L'Herbe de la nuit*, traduit de l'arabe par François Zabbal, L'Esprit des péninsules (2001).

Ibrahim al-Koni, *Un œil qui jamais ne se ferme*, A. Sèbe (2001).

Jacques Lacarrière, *L'Eté grec*, Plon (1998).

Alphonse de Lamartine, "Le Lac", in *Méditations poétiques*, Gallimard (1981).

Erri de Luca, *Trois chevaux*, traduit de l'italien par Danièle Valin, Gallimard (2003).

Amin Maalouf, *Léon l'Africain*, Le Livre de Poche (2004).

François Maspero, *Les Abeilles et la Guêpe*, Seuil, collection "Fiction et Cie" (2002).

Henry Miller, *Le Colosse de Maroussi*, traduit de l'américain par Georges Belmont, Le Livre de Poche (1986).

Sławomir Mrożek, "L'Européen", in *Nouvelles 2*, traduit du polonais par André Kozimor et Jean-Yves Erhel, Noir sur Blanc (1994).

Azra Pita, "Retour à Sarajevo", in *Une guerre en Europe*, recueil de nouvelles collectif de l'atelier d'écriture en français Post-Scriptum Hachette Jeunesse (1999).

Chantal Portillo, *La Femmepluie*, Bérénice (1999).

Arthur Rimbaud, "Les poètes de sept ans", in *Poésies complètes*, Le Livre de Poche (2004).

Sénèque, *Lettres à Lucilius*, Mille et Une Nuits (2002).

Grégoire Solotareff, *Oh ! C'est à qui ?*, L'Ecole des loisirs (2000).

Ouidad Tebaa et Mohammed Faïz, *Jemâa el-Fna Marrakech*, La Croisée des chemins & Paris Méditerranée (2003).

Tomi Ungerer, *Le Géant de Zéralda*, L'Ecole des loisirs (1994).

Orhan Veli, *J'écoute Istanbul les yeux fermés*, Arfuyen (1990).

Stefan Zweig, "Le bouquiniste Mendel", in *Romans et nouvelles*, traduit de l'allemand par Manfred Schenker, Le Livre de Poche (1993).

QUELQUES CHIFFRES ET DE NOMBREUX REMERCIEMENTS

Préparation du voyage : 3 années, de janvier 2001 à octobre 2003

Durée du voyage : 1 an, du 14 octobre 2003 au 18 octobre 2004

Pays traversés : Italie, Croatie, Bosnie-Herzégovine, Monténégro, Serbie, Macédoine, Grèce, Turquie, Syrie, Liban, Jordanie, Israël, Cisjordanie, Chypre, Libye, Tunisie, Algérie, Maroc, Espagne

Kilomètres parcourus : plus de 20 000

A pied : 1 200 kilomètres

En voiture beaucoup, souvent par bateau, par avion deux fois, en tracteur, porte-bagages de mobylette, à dos de mule, même une fois à dos d'homme

Nombre de lectures : 160

Nombre de spectateurs : plus de 8 000

Nombre de partenaires : 21

La Fondation Hachette

Le ministère de la Culture et de la Communication

Le Centre national du livre

La direction des affaires culturelles de la région Ile-de-France

La Délégation générale à la langue française et aux langues de France

La direction des affaires culturelles de la région PACA

La Région PACA

Le Conseil général des Bouches-du-Rhône

Le Collège international des traducteurs littéraires d'Arles

La Fondation Gaz de France

Paris Bibliothèques

La maison de retraite *La Mélod'hier*

La librairie *Le Merle moqueur*

L'Association des bibliothécaires français (ABF)

L'Alliance française

Le Gan Assurance italien

La revue *Franc-Parler*

L'association L'Enfant à l'hôpital

ESRI France

IGN

RFI

Budget financier : environ 150 000 euros

Quelques clins d'œil encore…

Mon amitié à Hélène Lanscotte et Frédérique Bruyas. Durant les trois années qui ont précédé ce voyage, ensemble, nous avons procédé à d'importantes recherches bibliographiques sur les auteurs du pourtour méditerranéen. Par leurs nombreuses lectures publiques faites dans les bibliothèques de Paris et à la librairie *Le Merle moqueur*, elles ont fait vivre la littérature qu'il nous tenait à cœur de lire *Sur les chemins d'Oxor*…

Ce livre est loin d'avoir cité toutes celles et tous ceux qui ont contribué à la réalisation de ce projet. Merci à chacun d'avoir su joindre leur confiance au rêve.

TABLE

Avant-propos 13
Sous certains ouvrages d'art 17
Cabine 109 24
Quand un cheval saute un repas 27
Le livre vert de la Neretva 32
Les nuages qui passent… là-bas… les merveilleux nuages 36
Quarante-huit heures que le silence 43
Une peur de fou au ventre 54
Les auspices des dieux ont la fibre gourmande 59
Les lendemains de l'espèce 68
J'écoute Istanbul les yeux fermés 72
Un petit faible pour les yeux de langoustine 79
"Oriental hospitality, you know my friend ?" 87
Dans le livre des hommes 98
Balle au centre 114
Notre enlèvement d'Europe 125
Caméra pour mémoire 134
Poètes de sept ans, au secours ! 151

Télémaque, il suffit ! 160
La nuit de *La Femmepluie* 174
La place Jemâa el-Fna................................ 189
Epilogue 203

Bibliographie... 205

Quelques chiffres et de nombreux
remerciements 211

OUVRAGE RÉALISÉ
PAR L'ATELIER GRAPHIQUE ACTES SUD
ACHEVÉ D'IMPRIMER
EN NOVEMBRE 2005
PAR L'IMPRIMERIE FLOCH
A MAYENNE
POUR LE COMPTE DES ÉDITIONS
ACTES SUD
LE MÉJAN
PLACE NINA-BERBEROVA
13200 ARLES

DÉPÔT LÉGAL
1re ÉDITION : NOVEMBRE 2005
N° impr. : 64321
(Imprimé en France)